性風俗シングルマザー

地方都市における女性と子どもの貧困

坂爪真吾
Sakatsume Shingo

a pilot of wisdom

はじめに

子どもたちがひしめきあう託児所

扉を開けると、１ＤＫのフロアは子どもたちの姿で埋め尽くされていた。ミニカーと仮面ライダーの人形で遊ぶ三歳の男の子。「おかあさんといっしょ」のＤＶＤを観《み》ている五歳の女の子。『パプリカ』を歌って踊る三歳の女の子。仲良くお絵描きをしている四歳の女の子たち。まだつかまり立ちも十分にできないゼロ歳の男の子もいる。眠そうに無言で座っている一歳の女の子もいれば、子どもの数は、合計で七名。

キッチンカウンターの上には、アンパンマンのストローカップやお茶の紙パック、幼児用のストローマグが並べられている。

狭い空間に大勢の子どもがひしめきあっているため、そこかしこで常に子ども同士の小競り合いが発生し、泣き声が響き渡っている。

ケンカが起こりそうになると、その都度保育スタッフの女性が間に割って入り、子どもと同じ目線に座って注意している。

「ユイちゃん、ブロックはみんなで順番に使ってね」
「ハルトくん、お友達の使っているオモチャが欲しい時は、ちゃんと『貸して』って言わなきゃダメだよ」

自分の好きなオモチャをいきなり他の子に奪われた三歳の女の子は、なかなか泣き止《や》まない。それにつられて、隣にいた一歳の女の子も泣き出してしまった。

保育スタッフは二人いるが、ゼロ歳児と一歳児の世話に手がかかるため、なかなか他の子どもたちまでには手が回らない。

私のもとに、三歳の男の子が近寄ってきた。一緒に仮面ライダーや戦隊モノの人形で遊びたいと言う。しばらく一緒に遊んでいると、その男の子は私の足にべったりとくっついて離れなくなった。気に入ってもらえたようだ。

「おやおや、珍しいですね〜。タクトくんは人見知りするタイプなので、知らない大人には滅多に近寄らないんですよ」と保育スタッフの女性が微笑《ほほえ》んだ。

タクトくんは母子家庭で、父親がいないという。この託児所には、朝九時三〇分から夜二三時まで預けられているそうだ。

タクトくんの母親の職場は、この託児所から車で五分ほどの湖畔にあるラブホテル街である。朝一〇時から夜二二時三〇分まで、男性客と一緒にホテルの一室に入り、裸になって性的なサービスを提供する仕事をしている。

昼食は手作り弁当、夕食はカップラーメン

そう、ここは地方都市にある風俗店（デリバリーヘルス、通称「デリヘル」）の託児所だ。デリヘル嬢として働く母親の仕事が終わるまでの間、子どもたちはこのフロアで過ごしている。

託児所が開いている時間は、朝九時三〇分からお店の営業が終わる翌朝の五時過ぎまでの、約二〇時間。利用料金は、一時間につき三〇〇円という破格の値段だ。同じ市内でベビーシッターを頼んだ場合、時給一四〇〇～一八〇〇円以上の費用がかかるので、経済的にこの託児所でしか預け先がない母親も多いはずだ。

託児所を利用する子どもの数は、日によって大きく変動する。少ない時は一～二名だが、多い時は一〇名近くまで増えることもある。子どもたちの人数に合わせて、保育スタッフの人数も最大三名まで増える体制になっている。

利用者である母親の大半はシングルマザーだ。早起きして子どもの弁当やオムツを用意し、朝一番に託児所に預けて、指名客の待っているホテルへと向かう。あるいは事務所の待機部屋

の中で、新規客から指名が入るのを待つ。

午前中のみの出勤という母親もいるが、夜二三時まで、あるいは翌朝五時まで働き続ける母親も少なくない。そのような場合、子どもたちは託児所で夕飯を食べて、そのままパジャマに着替えて就寝することになる。

夕食の内容は、子どもによって違う。母親の手作り弁当を美味《おい》しそうに食べている子どももいれば、コンビニの菓子パンやカップラーメンを食べている子どももいる。

朝から預けられている子どもの場合、昼食は手作り弁当だが、夕食はカップラーメンや菓子パン、というケースが多いそうだ。

確かに、二食分の弁当をつくるのは時間的にも大変だし、季節や気温によっては中身が悪くなってしまう可能性もある。

「昼食は手作り弁当だが、夕食はカップラーメン」という献立に、経済的・時間的な理由から、子どもたちに愛情を与えたくても与えきれていないシングルマザーの心情が端的に表れているように感じた。

イメージと現実のギャップを埋めるために

「託児所に子どもを預けて風俗店で働くシングルマザー」という言葉を聞いて、あなたはどのような女性をイメージするだろうか。

派手目のメイクとハイヒールで歓楽街に繰り出し、男性客と腕を組みながらホテルに入っていく女性の姿を思い浮かべるかもしれない。

古びた公営住宅の一室に子どもと住み、コンビニと居酒屋のパートを掛け持ちしながら、家計を切り詰めて毎日を必死で生きる女性の姿を思い浮かべるかもしれない。

中には、自分勝手な理由で離婚したにもかかわらず、行政と福祉の手厚い保護を受けて、自堕落な生活をしている女性の姿を思い浮かべる人もいるだろう。

風俗店で働くシングルマザーは、女性の貧困や子どもの貧困の象徴として、一面的かつ扇情的なイメージに基づいて語られがちな存在である。

実際の数字を見てみよう。厚生労働省の「平成二八年度 全国ひとり親世帯等調査」によると、全国の母子世帯数は一二三万二〇〇〇世帯。

母子世帯になった理由は、「死別」が八・〇%、離婚などの「生別」が九一・一%となっている。ひとり親世帯になった時の母親の平均年齢は三三・八歳である。

戦後から七〇年代までは、母子世帯になる理由の過半数が「死別」であったが、八〇年代に「生別」が「死別」を上回り、現在は「生別」が圧倒的多数を占めている。離婚した場合、子どもの親権は八割方母親側が取得している。

二〇一五（平成二七）年の平均年間収入（母親自身の収入）は二四三万円。母親の八割以上は就業しているが、正規雇用は全体の四四・二％に留《とど》まり、パート・アルバイト等の非正規雇用が四三・八％を占めている。預貯金額は、「五〇万円未満」が三九・七％と最も多くなっている。

母子世帯の平均世帯人員は三・二九人で、世帯の平均年間収入は三四八万円。国民生活基礎調査による児童のいる世帯の平均所得を一〇〇として比較すると、母子世帯の所得は四九・二。平均年収は一般世帯の半分以下であり、就労所得は三分の一以下。生活保護世帯の八％が母子世帯である。

こうした数字からは、パートナーの男性と離別し、非正規雇用で働きながら、不十分な経済状況の中で、日々育児と家事に追われているシングルマザーの姿が浮かび上がってくる。

社会課題の最前線

ひとり親世帯の貧困率は五割を超える。経済的に困窮し、社会的に弱い立場に置かれているにもかかわらず、シングルマザーは「自己責任」という言葉のもと、社会的なバッシングやネグレクト（無視・放置）の対象になりがちである。あるべき家族規範に背いた存在、あるべき母親像に背いた存在として、格好のサンドバッグになる。

これまでにも多くの支援団体や研究者が、シングルマザーが社会的に不利な立場に置かれる理由、制度や支援の谷間に落ち込んでしまうさまざまな要因を分析し、それらを打破するための支援活動や政策提言、啓発キャンペーンを行ってきた。

現代における三大社会問題は、「家族」「就労」「社会保障制度」である。シングルマザーの女性たちが置かれている状況には、家族の機能不全、就労支援の限界、社会保障制度の欠陥といった論点が凝縮されている。いわば「社会課題の集積地」だ。

近年では、この三つに加えて、新たに「人口減少」と「ジェンダー」が問題化されるようになっている。

少子高齢化に伴う人口減少は、政治・経済・文化・テクノロジーに至るまで、あらゆる分野に影響を与える。特に地方都市では、人口減少によって生活が成り立たなくなったり、企業の存続や自治体運営が困難になったりする可能性が指摘されている。

人々の価値観やライフスタイルが多様化する中で、ＬＧＢＴの権利擁護の進展、結婚・妊娠・出産・育児にまつわるハラスメントの社会問題化、性別に基づく差別の是正など、ジェンダーやセクシュアリティを巡る議論が活発になっている。

こうした時代の変化に合わせて、本書では「地方都市の風俗店で働くシングルマザー」に焦点を当てる。

地方都市の風俗店で働くシングルマザーが置かれている状況には、「家族」「就労」「社会保障制度」「人口減少」「ジェンダー」、全ての課題と論点が詰まっている。その意味で、現代の社会課題を最もリアルに映し出す鏡である、といえるだろう。

シングルマザーの貧困に関しては、これまでにも個人の生活を追ったルポがいくつも出されている。シングルマザーが生活に困窮する背景にある社会構造を分析し、彼女たちと子どもの生活を安定させるための政策提言を行っている書籍や研究も数多く公表されている。

しかし、ミクロな個人のルポだけに焦点を当てると、逆に問題の全体像を見誤るリスクがある。また、マクロな制度論を語るだけ、問題の全体像を提示するだけでは、当事者の苦痛や不安を消すことはできない。

シングルマザーを巡る問題を適切に理解するためには、個人の生活を追うだけ、社会構造や制度の問題を指摘するだけでなく、彼女たちが実際に生活している地域という文脈の中で、彼女たちが抱えている問題がどのように生成されているのかを知る必要がある。

「最前線」で「最善戦」している先駆者

本書では、ミクロとマクロの狭間《はざま》にあるメゾの世界＝一つの地方都市に舞台を絞って、その街の風俗店で働くシングルマザーたちの姿、及び彼女たちの行動や思考を規定している家族・

地域・制度などの文脈を描き出していく。

今必要なのは、単なるルポや制度論を超えた、具体的な知恵である。不安定な毎日を、不安定なままで乗り切っていくためのスキルと情報こそが求められている。

地方都市は首都圏に比べて賃金も低く、働き口も少ない。行政による公的なサービスの内容も十分ではない。多くの女性が自助や公助だけでは生きていけず、よくも悪くも、なんらかの形でインフォーマル（非公式）な社会資源に頼らざるを得ない状況にある。そしてインフォーマルな社会資源を利用する場合、一定の代償を支払わなければいけない。

人口減少の時代、安定した働き口を得られない、そして公的サービスの拡充も望めない中で、どのように自分たちの生活を安定させ、どのように次世代の子どもを育てていくべきか。

こうした問いは、他でもない私たち自身に課された問いでもあるはずだ。

そう考えると、地方都市の風俗店で働くシングルマザーは、社会課題の「最前線」で「最善戦」している先駆者だといえる。

手垢《てあか》にまみれた表現ではあるが、彼女たちの問題は、私たちの問題である。

今必要なことは、誰が味方（正義）で、誰が敵（悪）なのかを区別することではない。どれが正解で、どれが不正解なのかを議論することでもない。

彼女たち、そして私たちが、社会課題の最前線で最善戦を続けていくための最適解を探し出すこと。そして、その最適解を当事者と社会に届く形で発信していくことだ。

本書に登場する女性たちは、「シングルマザー」や「風俗嬢」である前に、地方都市で生きる一人の女性であり、子どもを愛する一人の母親である。

シングルマザーや風俗に関する固定観念はいったん脇に置いて頂き、その上で「自分が彼女たちの立場だったらどうするか」と考えながら、あなたの住んでいる街、あるいは知っている街の風景と重ねながら、読み進めてほしい。

＊文中で登場する人物は、プライバシー保護のため全て仮名で表記している。シングルマザーの事例は、原則として事前に本人の承諾を得た上で、プライバシー保護のため（個人・地域・店舗等が特定できないように）一部内容に変更を加えて掲載している。

目次

片道一時間半かけて毎日出勤
デリヘルのおかげで、生活と精神状態が安定
二人目の子どもを妊娠
母親は今の仕事を知らない
未婚で産む決意
子どもの障害
「近い目標を一個ずつクリアしていくことが大切」

第三章　義実家という名の牢獄

離婚できない「隠れシングルマザー」
デリヘルはワンオペ育児に追われる女性のオアシス？
一九歳で妊娠・結婚、そして夫の借金
アルコール依存の義父、束縛したがる夫
育児方針の違いで義母と対立
保険会社の同僚からデリヘルを紹介される

接客中に保育園から電話がかかってくる
セカンドキャリアとしてのメンズエステ
「お金を出してしまう私も悪いのかもしれない」
体調不良、気分の浮き沈みが激しい
「一人で溜め込まないで」

第四章　たった一人の自宅出産

高校入学後三カ月で中退
地域に広がるキャバクラネットワーク
二四歳で妊娠
「ネウボラ」は絵に描いた餅？
スマホで分娩の方法を調べて自宅出産
自宅から東京の支援団体にＳＯＳ
母子支援施設への入所と、母親との和解
産後八カ月で仕事に復帰

夜は子どものそばにいられる暮らしを
地方の問題は、地方の社会資源だけでは解決できない

第五章　彼女たちが「飛ぶ」理由

キャスト兼スタッフとして働くシングルマザー
結婚と離婚を繰り返す母親
高校一年の夏に妊娠・出産
一八歳でひとり親としての生活スタート
最初の仕事で性暴力被害に
デリヘルの仕事を始める
二人目を妊娠
三人目を妊娠
未婚出産の煩わしさ
保育園とキッズスペース
男性観と再婚について

退所後のアフターフォローと財源の問題
未婚・多産・シングルマザー
罰を与えても、排除しても意味がない
社会資源と社会的合意をつくり出すために

第七章　風俗の「出口」を探せ

夫のDVから逃げる
突然の扁桃炎
「最悪の客」に指名される
地方都市のシングルマザーが生活保護を受けない理由
勇気を出して相談すれば解決するケースも
使いづらい貸付制度
死別シングルマザーは困窮しない
この街のシングルマザーに最も必要な支援とは
足りないのは、「夫」でも「お金」でもない

第八章 「子どもの貧困」と闘う地方都市

子育て世代を支援するための政策
キャリア教育と起業支援
「計画を策定して終わり」にならないために
「待ちの姿勢」を捨てて、話を聞く
財政難の中でできること、やるべきこと

終章 「家族」と「働く」にかけられた呪いを解く――

託児所の長い夜
子どもがかわいそう?
彼女たち、そして私たちを苦しめる「二つの呪い」
「家族の呪い」を解くために
「働き方の呪い」を解くために
児童扶養手当を増やせば解決する?
「従業員として働くことの限界」を超えるために
働き方改革の最終目標

■本書の舞台解説

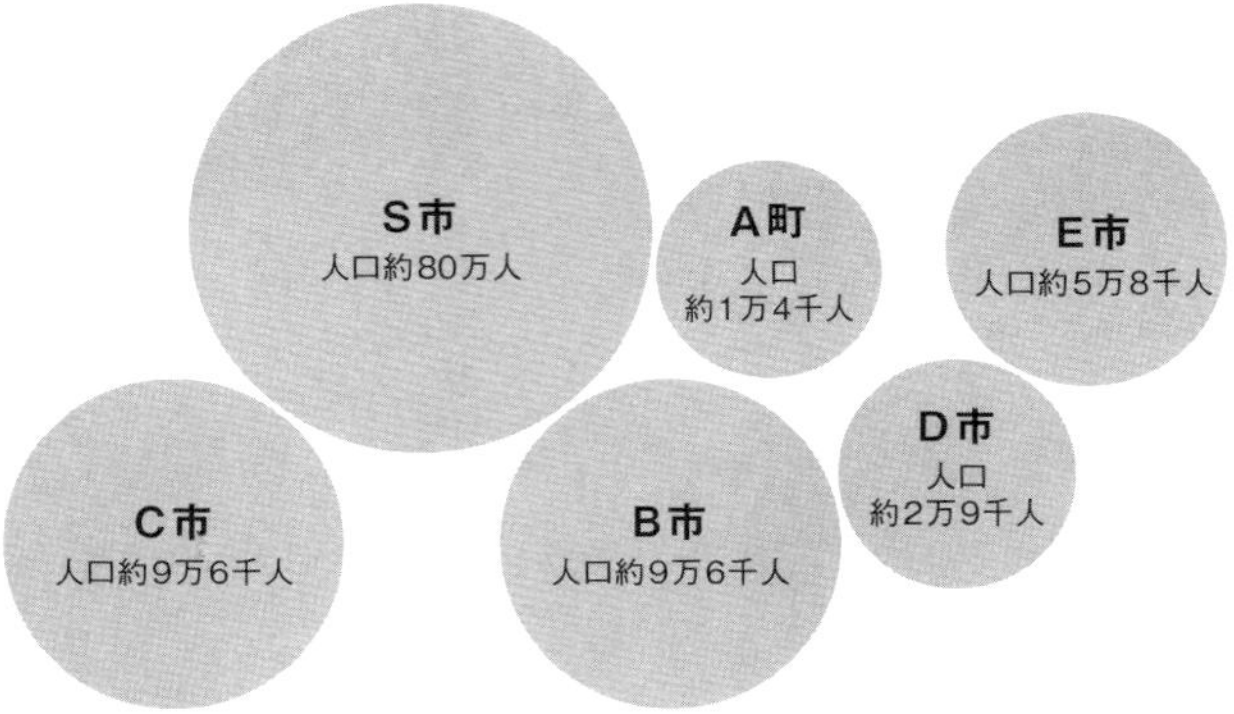

● **S市（人口約80万人・デリヘル104店舗）**
政令指定都市で、S県の県庁所在地。
県内の風俗店で働く女性（7,588名）のうち、約5割（3,797人）がS市で働いている。

● **A町（人口約1万4千人）**
S市の隣町。企業や電力会社から得た税収を背景に、子育て支援を充実させている。

● **B市（人口約9万6千人）**
S市からバイパスを使い車で20分程度。
デリヘルは1店舗もなく、S市の店舗からの派遣が中心。

● **C市（人口約9万6千人・デリヘル20店舗）**
S市から国道を使い車で30分程度の場所にある田園都市。

● **D市（人口約2万9千人）**
山と海に囲まれた自然豊かな街。若者は高校卒業後、B市やS市に出る傾向が強い。

● **E市（人口約5万8千人）**
S市から車で1時間半程度の港町。漁業と農業が盛ん。

● **F市（人口約26万8千人・デリヘル34店舗）**
県内第2の都市。S市から高速道路を使い車で30分程度。
子どもの貧困対策に力を入れている。

● **G市（人口約3万人）**
S市から高速道路を使い車で2時間ほどの山間部にある。
シングルマザー移住就労支援事業を実施している。

＊人口及び風俗店（デリヘル）の店舗数は、いずれも2019年6月現在の数字である。

第一章　地方都市の風俗店で生きるシングルマザー

母子世帯数四〇〇〇の地方都市

本書の舞台となるS市は、人口約八〇万人の政令指定都市（県庁所在地）である。

二〇一九（令和元）年八月現在、S市の世帯数は約三四万世帯であり、そのうちひとり親世帯（母子・父子）は約四四〇〇世帯。そのうちの約四〇〇〇世帯が母子世帯である。ひとり親家庭等に支給される児童扶養手当の受給者数は毎年五六〇〇人前後で推移している。

二〇一七（平成二九）年にS市が実施した「子ども・若者のいる世帯の生活状況等に関する調査」によれば、ひとり親世帯の世帯収入は二〇〇万円以上〜二五〇万円未満の割合が最も高い。児童扶養手当受給世帯では、約四三%が一〇〇万円以上〜二五〇万円未満である。

ひとり親世帯の五割が、国が示す貧困線（収入から税金・社会保険料等を除いた、いわゆる手取り収入を世帯人員の平方根で割って調整した所得の中央値の半分の額）を下回る生活をしている。そして、ひとり親世帯全体の一一%＝約五〇〇世帯が生活保護を受けて暮らしている。こうした状況は、全国平均とそう変わらない。

全国のシングルマザーと同様、S市のシングルマザーも全体の八割が働いている。「正社員・正職員」と「パート・アルバイト」がそれぞれ四割前後となっている。

S市では、風俗で働く女性が無料で生活・法律相談を受けることのできる「風《ふう》テラス」という事業が行われている。

S市及び県の生活困窮者自立支援事業、弁護士、地元のNPOと風俗情報サイト運営企業が連携して、風俗店の待機部屋などで相談支援活動を行っている。私も、S市での風テラスの活動には、二〇一七年四月の立ち上げ当初から関わっている。「はじめに」で登場した託児所も、S市内にあるデリヘル店の託児所である。

二〇一九年六月現在、S市内には一〇四店舗のデリヘルがあり、三七九七人の女性が働いている。数字だけを見るとかなりのボリュームだが、店舗の九割以上は無店舗型であり、看板を出さずにインターネット上で営業しているため、大半のS市民にとって、その存在は全くといっていいほど知られていない。

そして、こうした見えない世界で、日々多くのシングルマザーたちが働いている。

以下、私がS市の風俗店の事務所や待機部屋、託児所で出会ったシングルマザーの姿を追いながら、地方都市という環境の中で、シングルマザーがどのような状況に置かれており、どのように毎日の仕事や子育てを行っているのかを描き出していきたい。

一八歳からキャバクラ勤務、二〇歳で妊娠

辻彩さん（二六歳）は、S市から車で一時間ほどの場所にあるD市（人口約二万九〇〇〇人）

出身。高校を中退した後、友人の影響で、一八歳から隣接するB市（人口約九万六〇〇〇人）のキャバクラで働き始めた。

D市には大学がなく、雇用先となる企業も多くないため、一〇〜二〇代の若者の多くは、進学や就職を機に、隣にあるB市、そして県庁所在地であるS市や県外に転出する傾向にある。

彩さんも、しばらくB市のキャバクラで働いた後、S市に引っ越して一人暮らしを始めた。中心部の繁華街にあるキャバクラで働きながら、自由な生活を謳歌《おうか》していた。

妊娠が発覚したのは、二〇歳の誕生日を迎えた一週間後。相手の男性は四歳年上で、勤めていたキャバクラのボーイだった。

彩さんの妊娠を知った男性は、「まだ若いから、産む・産まないはお前の好きなようにしな」と告げた。男性には経済力がなく、彩さんが彼の借金を肩代わりしている状況だったため、結婚するという選択肢は全く思い浮かばなかった。

D市の実家に帰って、母親と話し合った。彩さんの母親もシングルマザーで、二三歳で彩さんを出産していた。話し合いの結果、未婚で産み育てることになった。

「お母さんもシングルだったので、未婚での出産を受け入れてくれたんだと思います」

彩さんのように、「高校中退→一八歳からキャバクラ勤務→そこで出会ったボーイや客と交際→妊娠」というパターンは、地方都市の夜業界ではそれほど珍しいことではない。

一方で、未婚の母親として子どもを育てる選択をする女性は、決して多数派ではない。厚生労働省の「平成二八年度 全国ひとり親世帯等調査」によると、母子世帯になった理由の中で、最も多いものは「離婚」の七九・五％。「未婚の母」は全体の八・七％に過ぎない。「死別」の八・〇％よりやや多い程度だ。

そして、二〇代で未婚の母親になる女性も多数派ではない。前述の調査によれば、母子世帯になった時の母親の平均年齢は三三・八歳。二〇代で、夫との死別以外の理由で母子世帯になった女性は、全体の二六・三％に過ぎない。

彩さんのように、二〇歳で妊娠・出産して未婚の母親になる、というケースは、地方都市のシングルマザーの中においても少数派だといえる。

出産後、キャバクラに復帰

未婚のまま子どもを産み育てることを決意した彩さんは、S市を離れて地元のD市に戻り、市内の病院で娘を出産。その後、生後六カ月で娘を保育園に預けて仕事を再開した。

当初は地元の小売業でパートとして販売・配達の仕事をしたが、それだけでは満足な収入を得ることができなかったので、月に一～二回、以前働いていたB市のキャバクラに再び勤めることにした。

「副業というか、お小遣いを貯金できれば、という感じでしたね。ちなみにそのお店は去年潰れてしまいました。B市のキャバクラは、今はもう二～三軒しかないと思います」

地方都市のキャバクラは、人口減少と中心繁華街の衰退という流れの中で、もはや稼げる仕事ではなくなってきている。

また子育て中の女性にとっては、夜間の出勤は負担が大きい。仕事でお酒を飲まなければならないため、翌日の仕事や育児に支障が出てしまうこともある。

キャバクラでは思うように稼げない、夜間の出勤やお酒の問題で悩まされている女性にとって、日中の勤務が可能で、短時間で高単価、お酒も一切なしという仕事＝風俗という選択肢が魅力的に映るようになる。

彩さんがデリヘルの仕事を始めたのは、子どもが一歳半になった時。ちょうど保育園に預けて一年目で、彩さんは二二歳になっていた。

B市にはデリヘルの店がなかったため、S市内にある店を選んだ。居酒屋やスナックなどの飲み屋とは異なり、デリヘルは人口一〇万人以下の都市には存在しないことが多い。

人口約八〇万人のS市には、一〇〇店舗近いデリヘルが営業している。その中から、彩さんはキャバクラの時と同じく、友人が働いていたお店を選んだ。

女性が風俗の世界に足を踏み入れるきっかけはさまざまだが、地方都市においては、「友人が働いていたから」「友人に誘われて」と語る女性はかなり多い。「売る・売らない」は、自己決定よりも地縁で決まる部分が圧倒的に大きい。

「どんなプレイをするか、どういう感じで進めるか、といったことを具体的に友達から聞いて、これなら自分にもやれそうだな、友達もいるし……と思って、体験入店しました」

その店では約一年間働いたが、途中で「身バレ」＝身元が客にバレてしまい、やめざるを得なくなった。

「身バレの理由は、刺青《いれずみ》です。B市のキャバクラにいた一八歳の時に、地元の彫り師に半年がかりで和彫りを入れてもらいました。

刺青を入れたのは興味本位で、彼氏や誰かに強要されてとかではないです。目立つことや人と違うことが好きだったので、それでかな……。若かったので。ファッション的な感覚でした。ただ、いつかウェディングドレスを着たいという夢があったので（笑）、上半身ではなく下半身に入れました。それでも、ワンポイントではなく結構大きいサイズなので、隠すことはできないんですよね。一度は源氏名を変えて出たけど、ダメでした」

「爆サイ」や「ホスラブ」といったネットの匿名掲示板上には、デリヘルで働く女性の身元を特定しようと躍起になっているストーカーのような男性客が溢《あふ》れ返っている。「◇◇ちゃんは、以前△△という店で、源氏名○○として働いていた」という形で、女性の過去を追跡した上で、「ブス」「性病をうつされた」「違法な本番行為をやっている」など、さまざまな誹謗《ひぼう》中傷を書き込むのだ。

店舗数自体がそれほど多くなく、人間関係の狭い地方都市であれば、特定されるのは時間の問題だ。

彩さんのように身体《からだ》に刺青がある場合、源氏名や写真を変えても特定されやすいため、身バレのリスクが大きく、誹謗中傷の格好のターゲットにもなってしまう。

風俗で働いていることを隠して結婚

身バレでやめざるを得なくなった彩さんは、その後知り合いが店長をしていた他の店に移籍。また同じタイミングで、以前から付き合っていた男性と結婚した。

「元々の知り合いだったんです。ある時、久々に連絡を取ったら『今度遊ぼうよ』と言われて。子どもが好きな人でした。

風俗の仕事を始めた頃に付き合い始めて、結婚したのが子どもが二歳半になった時。ちょうど最初のお店をやめた辺りですね」

彩さんは、結婚前も結婚後も、夫には風俗で働いていることを告げていなかった。

「旦那は、私が風俗の仕事をしていることは知らなかった。キャバクラで働いていたことは知っていましたが、風俗で働くのは絶対ダメ、という人でした」

風俗で働いていることを隠したまま、結婚生活を開始。しかし、あろうことか結婚した直後に、彩さんは仕事でクラミジアと淋病《りんびょう》に感染。そのまま夫にも病気をうつしてしまうという事件が発生する。

「クラミジアと淋病、同時でした。淋病になると男性は膿《うみ》が出るので、バレてしまいました。ちょうど新婚一〜二カ月だったので、本当に時期が悪かったですね……」

S市のデリヘルスタッフの話によれば、働く女性が感染する確率が最も高い性感染症はクラミジアであり、定期検査で発覚する（陽性反応が出る）性感染症のうち、六〜七割を占めているそうだ。世間のイメージに反して、HIVや梅毒はまず検出されない。

クラミジアは自覚症状も少ない場合があり、病院で治療をすれば一〜二週間で治るので、それほど恐ろしい性感染症ではない。

問題は、病気自体の症状よりも、仕事を休まなければならなくなることによって生じる経済的リスク、他人にうつしてしまうことによって生じる関係性の悪化だ。地方都市の風俗店で働く女性にとって、性感染症は生活の基盤そのものを壊すリスクになりうる。

結婚したばかりの妻からいきなりクラミジアと淋病をうつされた、という事態に直面した夫の衝撃は計り知れない。しかし、それでも彩さんは風俗の仕事をしていることを夫には告げなかった。

「風俗の仕事がバレて収入源がなくなるのが嫌だったので、『浮気した相手と、飲んだ勢いでやってしまった』と言い訳しました。

風俗の仕事で病気をうつされた、と言ったらもう働けなくなる。『どこの店で、どんな名前で働いていたの？』と言われる。それが嫌でした」

彩さんのように「収入がなくなるのが困るから」という理由で、彼や夫に風俗の仕事をしていることを隠し続ける女性は少なくない。

「恋人や夫のいる女性は風俗で働かない」という先入観を持っている人にとっては意外なことかもしれないが、風俗があくまで安定した収入を得るための手段であるとすれば、恋人や夫がいても風俗で働く女性がいることは、なんら不思議ではない。

性感染症に関する夫とのトラブルもあり、二つ目の店は仕方なく半年でやめた。それから一年は、事務やアパレルといった昼の仕事のみで働くことにした。

子育て支援の充実した隣町に引っ越し

結婚した後、彩さん夫婦はS市に隣接するA町（人口約一万四〇〇〇人）に引っ越した。A町には湾岸工業地帯と火力発電所があり、企業からの税収によって安定的な財源を確保している。

県内に二つしかない地方交付税不交付団体の一つであり、県内でも人口が増加している数少ない自治体だ。

合計特殊出生率が県平均を上回っているA町では子育て支援や不妊治療費の助成制度、病児・病後児保育事業などが充実しており、子どものいる家庭はさまざまなサポートを受けることができる。

子育て誕生祝金の制度（第一子から第三子まで五万円。第四子以降は一〇万円＋月額五〇〇〇円の子育て支援金を支給）があるだけでなく、町内に三つある町立こども園の保育料は、通常保育（八時三〇分〜一五時）が無料。早期・長時間・延長保育を利用しても、月額わずか一〇〇〇〜二五〇〇円程度の負担で済む。待機児童問題や高額の保育料負担、病児保育に悩む首都圏在住の夫婦から見れば、まさに夢のような世界だ。

S市では、小中学校におけるエアコン設置率はわずか一四・二％（二〇一九年三月時点）だが、A町は一〇〇％だ。町内で住宅を新築・増築・改築する人向けの住宅建設資金貸付制度もあり、若い世代が住宅をつくり、子育てしやすい環境が整備されている。

中学三年生以下の子どものいる家庭には、地元スーパーなどの協賛店で割引や特典が受けられるパスポートが配布される。このパスポートは、隣のS市でも使うことができる。

大都市からの「育児移動」

S市の「子育て市民アンケート」（二〇一六年）によれば、「S市は子育てしやすいまち」だと思う保護者の割合は、全体の三九・九％に留まっており、子育てに関する情報の満足度は二八・九％と、かなり低い数字になっている。

共働き家庭の増加などを背景にした保育ニーズの上昇に伴い、S市は保育園の新設を進め、この一〇年ほどで定員を約四七〇〇人増やした。

しかし、全ての保育ニーズに応えることはできず、自宅から離れた園に通わざるを得なくなった子ども、きょうだいと別々の園に通わざるを得なくなった子どもも多い。入園を諦めて、育児休業を延長したり、求職活動自体をやめたりする保護者もいる。

病児保育の施設も足りていない。現在、S市には九つの病児保育施設（定員合計六一人）があるが、人口が相対的に少ない地域には未設置であり、一七万人以上の市民が病児保育施設のないエリアに住んでいる。

そうした中で、子育て支援の充実した隣のA町が注目されるようになった。A町に住みながら、バイパスで片道二〇分程度のS市のデリヘルに出勤して稼ぐというのが、この地域で暮らすシングルマザーの生活を安定させる黄金パターンになっている。

彩さんも、しばらくは昼の仕事を続けていたものの、再び風俗の仕事に戻ることになる。

「旦那は育児や家事には協力的でした。自分が仕事の間、子どもを見てくれたり、お風呂掃除やゴミ捨てをしてくれたり、月に一～二回ですが、ご飯もつくってくれました。

でも、旦那の給料だけでは貯金できない。ソフトなサービスから始めようと思って、S市にあるアロママッサージのお店から始めました。手だけのサービスで身体には触られないので、難易度的には低いかなと。でも、稼げなくて半年でやめました」

通信制高校に通って高卒資格を取得

アロママッサージの店で働いている間、同じくS市にある県立の通信制高校に通った。彩さんは高校中退だが、二つの公立高校に合計三年通っており、一年半分の単位を取得していたため、それを活用して高卒の資格を取ることを目指した。

「一年半分の単位を持って、S市の通信制高校に行きました。通学は月に三回程度で、一度も学校に行かない月もありました。

せめて高卒資格は持っていないとな、と思ったんです。私のきょうだいは誰も高校を出ていないので、自分の子どもには高校だけは行ってほしかった。

でも、高校に行っていないママに『高校行けよ』と言われても説得力がないじゃないですか。なので、行くのならば今しかない、と思ったので」

高校中退者が再び高校で学び直すことを支援する制度を利用すれば、公立高校であれば授業料負担は実質ゼロ円になる。教科書代や教材費などの費用もほとんどかけずに通学することができる。

「通学に関しては、お金はほぼかかっていません。教科書代も全額返ってくる。買ったのは学校内で履く靴くらいですね。仕事の待機中にレポートをやったりして、通い始めてから一年半で卒業しました」

アロママッサージの店をやめた後、いくつかのハンドサービスの店に求人応募をしたが、最終的にハンドサービスとデリヘルの両方を経営している現在の店に落ち着いた。

「他の店にも連絡したんですが、電話の対応が悪くて。今の店は店長が同い年でやりやすかった、というのもありましたね」

ちょうど同様の業種がS市で流行《はや》っていたこともあり、最初の半年間はハンドサービスだけで十分に稼ぐことができた。

しかしブームは長くは続かず、元々利用者自体が少ないこともあって、売り上げは頭打ちに。そこで、二〇一七年の夏からデリヘルの仕事も再開した。

離婚と引っ越し

風俗で働くことに反対していた夫は、どうなったのだろうか。

「旦那とは今年の二月に離婚しました。それまでずっと、不妊治療をしていたんです。旦那の精子が原因で、子どもができなかった。一年間治療に通っていたんですが、かなりメンタルにきてしまって。

旦那との子どもはいないから欲しいし、今の子どもにもきょうだいをつくってあげたかった。でも、子どもに対する私の熱量と旦那の熱量が違った。

不妊の原因は旦那なので、ケンカが増えちゃって。あとは性格の不一致かな。我慢してもいつかは爆発しちゃう。旦那だけが悪いわけではなくて、こっちも大人げない部分があった。ケンカが増えて、子どもにも悪影響があると思ったので。子どもの前でケンカするのはよくない。子どもを振り回してしまった。

子どもは来年小学生になります。A町は田舎なので、小学校で転校させたくないと思い、離婚に踏み切りました。旦那は今まで通り、A町の中古の一軒家で犬と一緒に住んでいます」

離婚に際して、夫と養育費に関する取り決めはしなかった。

「子どもの養育費はもらっていません。正直欲しかったけど、『いらない』と啖呵《たんか》を切りました。『そんなんでやれるのか』と言われたので、『じゃあ頂けるんですか』と返したら『調子に乗るな』と怒られた。『最初の男からももらっていないのに、なぜ俺が払うんだ』と言われて、この人は器が小さすぎてダメだな、セレクションが悪かったなと反省しました」

厚生労働省の「平成二八年度 全国ひとり親世帯等調査」によると、別れた夫と養育費の取り決めをしている母子世帯は四二・九%。全体の半分以下である。

日本における離婚は、いわゆる協議離婚（夫婦で話し合いをしてお互い離婚に合意をした上で、離婚届を市町村役場に提出する方法）が九割近くを占めている。

協議離婚は、費用もかからずに手軽にできる反面、財産分与や親権、養育費や慰謝料に関する取り決めが曖昧なままになってしまうため、後々トラブルに発展することも多い。

母親が協議離婚をした母子世帯では、養育費の取り決めをしている割合が低くなっている。取り決めをしていない理由は、「相手と関わりたくない」が三一・四％と最も多く、次いで「相手に支払う能力がないと思った」が二〇・八％、「相手に支払う意思がないと思った」が一七・五％となっている。

離婚した父親からの養育費の受給状況は、「現在も受けている」が二四・三％で、平均月額（養育費の額が決まっている世帯）は四万三七〇七円となっている。

全体的に、高学歴・高所得層ほど離婚の際に養育費の取り決めをしているが、生活の苦しい低所得者層は、離婚の際に養育費の取り決めをしていない傾向がある。離婚調停や養育費の取り決めに関する知識がなかったり、そもそも相手に収入がなかったりするために、最初から取り決めをすること自体を諦めているケースも多い。

ライフラインとしての児童扶養手当

別れた夫から養育費が十分に（あるいは全く）もらえない場合、母子世帯にとって、生活を支えるためのライフラインになるのが児童扶養手当だ。

児童扶養手当とは、ひとり親家庭等の生活の安定と自立の促進を支援することにより、子どもの健全な育成を図ることを目的として支給される手当である。

彩さんも、離婚後に役所の窓口で児童扶養手当の申請をした。それから約二カ月が経過しているが、まだ児童扶養手当は支給されていない。

「児童扶養手当はまだもらえていません。審査が混み合っていると、二カ月くらいかかるみたいで。でも後からその分ももらえるらしいです」

S市の場合、児童一人を育てている母親には、全部支給（本人の所得が所得制限限度額における全部支給の範囲内）の場合、月額四万二九一〇円が支給される。

児童扶養手当は、これまで年三回、四カ月分ごとに支給される仕組みになっていた。しかし、年三回の支給では家計のやりくりが難しいなどの問題点があったため、二〇一九年一一月分から、二カ月分を年六回に分けて支給する形に変更された。

児童扶養手当の難点は、児童の数が二人になっても支給額が倍になるわけではない、というところにある。児童二人の場合、支給額は月額五万三〇五〇円。約一万円しか増えない。児童三人の場合は月額五万九一三〇円で、約一万六〇〇〇円しか増えない。

別れた夫から養育費をもらえず、育児のためにフルタイムで働けない女性にとって、この金額だけで生活していくことは不可能に近い。

夫と子どもとの面会交流、その実情

離婚後、彩さんは子どもと一緒にS市に引っ越してきた。二〇歳の時に妊娠してS市を離れ、地元のD市に帰って以来、六年ぶりにS市での生活が始まった。

「これまでは昼間にアパレルの仕事も兼業していたんですが、今はデリヘル一本です。女性向けのリラクゼーションの仕事に興味があって、働きながら資格を取りたいと考えています。最初は勤めながら資格を取得していき、三〇歳頃には独立したい。そのためにはお金が必要なので、今働いて貯《た》めておきたい。来年の春には、昼の仕事を再開したいと考えています。

元々は昼の仕事が中心で、デリの仕事は週二回程度でした。デリ一本にしてから、先月の収入は四六万円でした。お店のホームページのアクセス数がよかった時期ですね。週五〜六回、一〇〜一七時の出勤。稼いだお金は貯金しています。

以前は夜の時間帯も出勤していたんですが、子どももいるし、自分の身体にも負担がかかるので、今は出ていません」

「風俗で働くシングルマザー」というと、夜間保育に子どもを預けて夜の繁華街で働いているイメージがあるが、それは大きな誤りである。実際は、彩さんのように子どもを朝保育園に預けて、一〇〜一七時の間働いて、一八時には子どもを保育園に迎えに行って帰宅、という女性が多数派である。表面的な生活リズムだけを見れば、一般の女性となんら変わりない。

前述の報告でも、母子世帯では一八〜二〇時に帰宅する人の割合は四三・三％。八割近くは二〇時までに帰宅している。夜二〇時から早朝にかけて働くシングルマザーは、全体のわずか三・九％に過ぎない。

休日の勤務に関しては、彩さんは面会交流（離婚後、子どもと離れて暮らしている方の親が、子どもと面会して交流すること）も兼ねて、元夫の家に子どもを預ける形で対応している。

「夫の家には、子どもが月に二回くらい泊まりに行っています。そうした日は、S市から遠いエリアにも出勤できるので、それだけでも有り難いです」

彩さんのように、離婚した父親と子どもが面会交流を行っている母子世帯は二九・八％。決して多数派ではない。面会交流の実施頻度は、「月一回以上二回未満」が最も多く二三・一％

となっている。

現在面会交流を実施していない理由は、「相手が面会交流を求めてこない」が一三・五％と最も多く、次いで「子どもが会いたがらない」が九・八％となっている。

育児の大変さ

彩さんは夫と離婚して、再びひとり親として子どもを育てていくことになったが、これまでの育児では、どのようなことが大変だったのだろうか。

「生後六カ月から保育園に預けっぱなしだったので、私自身はほとんど昼間は育児していません。一緒に過ごすのは土日くらい。離乳食とかもそれほどつくった記憶がない。周りのサポートが厚かったので、一日中ずっと見ているママよりは楽ですね。そういう面では、育児よりも仕事の悩みが多かったかも」

地方都市における育児では、実家（の母親）というインフラを活用できる。彩さんの母親のように、自身もまたシングルで子どもを育ててきたために、娘が同じくシングルで子どもを育てていくことに抵抗のない人もいる。

そして低所得のシングルマザーであれば、保育園にも優先的に入園できるし、保育料もかからない。貧困の象徴のように思われがちな「地方都市の風俗店で働くシングルマザー」を取り巻く社会資源は、意外にも豊かなのだ。

一方で、社会資源の有無や充実度にかかわらず、育児に伴う身体的・精神的負担は、全ての親が等しく背負うことになる。

「子どもがゼロ歳の時に肺炎で入院したことがあって、二週間つきっきりで看病しました。祖母と母親にもたまに来てもらったんですが、母親は勤め人で祖母も農家だから、毎日は病院に来られない。それが精神的につらかった。出産の時もつらかったですが、外の空気を吸いたくてたまらなかった。

その時に、旦那がいれば……とは思った。でも選んだのは私だから、一人で頑張ろうと思った。産後は実家にいて母親のサポートがあったので、全てを一人でやろうとしているシンママ（シングルマザー）の女性よりは恵まれた環境だったと思います」

「選んだのは私だから」という自己責任論の貫徹、「他のシンママに比べれば恵まれている」という相対的優位の確認によって自らを奮い立たせる彩さん。ただ、性格上もそこまで育児に悩むタイプではなかったという。

「分からないことは母親に聞けたし、自分で病院に電話して調べたりもしましたし。子どもの医療費は（どんな病気・ケガでも一回の診療につき）五三〇円なので、小さいことでも病院に行きましたね。シンママだったので、保育料も無料でした。

子どもは保育園では問題児で、かなり活発な方だったので、他の子にケガさせないかなと今でも心配になる時がありますす。結構短気なので。でも、それなりに大人になってきたので、さすがにいきなりお友達を殴ったりとかはしないかな」

税金と申告

デリヘルで働くシングルマザーの悩みの一つは、子どもを保育園に入れる際に所得証明が出せないことだ。

風俗店と女性の契約は、雇用契約ではなく事実上の業務委託契約になっていることが多い。つまり女性は会社員ではなく個人事業主になるので、就労証明書も源泉徴収票も、基本的にお店から出してもらうことはできない。

自分で確定申告をしない限り、保育料算定の基礎となる税額を証明できる書類（市区町村民税の課税証明書）を手に入れることはできないのだ。この点について、彩さんはどう対処したのだろうか。

「うちの店は、『コールサポートの会社で働くパート』として女の子たちに就労証明を出しているので、保育園にはそれを出しました。

確定申告は自分でやることになっています。ママ同士のネットワークが店の中であるんですよ。自営業をしている友達に聞いたりして、書類を書いています。来年はきちんと確定申告しなければ、と考えています」

シングルマザーがデリヘルで働く上で、あったらいいなというサービスはあるだろうか。

「うちの店には託児所があるんですが、もっと使いやすくできないかなと。頼めば預かってもらえるけど、頼みづらいという女の子が多い。

さすがに毎日夜間に預けるのはどうかと思いますけど、本当にお金がなくて、苦しくて、もっと稼ぎたいという子、もうちょっといると思うんですよ。

なので、うちの店だけじゃなくって、もっとリーズナブルなところが他にもあれば。夜二三時まででも有り難いので。

S市の繁華街には、昔託児所がたくさんあったみたいです。S市もお店が多いんだから、もう少しそういうことをすればいいのに、と思います」

自分のことだけではなく、自分以上に困難な立場に置かれているシングルマザーに思いをはせる彩さん。

デリヘルで働くシングルマザーに対するメッセージとして、彩さんは「思い詰めないでほしい」と語る。


「考えすぎないでほしい。やればなんとかなる。頑張らなくてなんとかなることはないけど、仕事でも育児でも、自分なりに努力していれば結果はついてくる。あまり重く考えすぎずに、自分のやりたいことや助けてほしいことを周りに伝えていけばいい。

この仕事のことは、家族には言いづらい。言えるのは、一緒に働いているお店の子だと思うんですよ。とても言える雰囲気じゃない店もあると思うけど、スタッフでも女の子でもいいので、はけ口を見出《みいだ》してほしい。吐き出してほしい。

吐き出してもどうにかなるわけではないと思うけど、気持ちの面ではもっと頑張ろうと思える。まず口に出して言うことが大事。

吐き出せないのであれば、自分でストレス発散する方法を見つけてほしい。服を買うとか、美容院でストレス解消するとか」

ちなみに彩さん自身は、悩みを溜《た》め込まないで、誰かに話すことができている、と感じているのだろうか。


「私は言えます！　あとは考え込まないこと。高校の時はいつも思い詰めてしまったり、自分の言動を気にしてしまっていた。人の目を気にしながら暮らしていたのですが、子どもを産んでからは考えすぎないようになりました。

だから、考えすぎないでほしい。頼れる人がいたら頼っていいんだよ、と思います。メンタル面で疲れが溜まりやすい仕事なので、たまには子どもを預けて、どこかに飲みに行ったり、ネイルサロンや美容室に行くとか。この業界だけじゃなくても、皆に言えることですよね」

未婚の母親としてシングルマザー生活を始めた彩さんは、実家や風俗、子育て支援制度を利用して、新しい生活とキャリアをつくるために、前を向いて頑張っている。

高校中退と早い時期での妊娠・出産によって、二〇代半ばで学歴・職歴・資格の全くない状態に置かれた女性が、月額四六万円を稼げる仕事は、地方都市では風俗以外に存在しない。

もちろん、こうした高額の収入がいつまでも続くわけではない、ということは彩さん自身も痛いほど分かっている。ネット上の誹謗中傷や個人情報の暴露、性感染症などのリスクによって、いつお店をやめなければならなくなるかは分からない。

多くの女性は、あくまで次のキャリア、次のステップに進むためのつなぎの仕事として、風俗を活用している。道徳的な是非論を抜きにすれば、地方都市で子育てをするシングルマザーにとって、風俗の存在が、実家の母親や行政の子育て支援制度と並ぶ第三の「社会資源」となっていることは、否定しようのない事実だ。

次章では、こうした三つの社会資源の中で生きるシングルマザーの女性たちの姿を、引き続き詳しく追っていこう。

第二章　生活と子育てを安定させるために

高時給の仕事を探し、いつの間にかデリヘルに

S市内のデリヘルで働く山岸由香子さん（二八歳）は、S市から車で一時間半ほどのE市（人口約五万八〇〇〇人）の出身。地元の高校を卒業した後、第一章の彩さんと同じく、S市の東部に隣接するB市に出て、市内のパチンコ店に就職した。

「早番と遅番の交代制で、カウンターやホールでの作業など、一通りやりました。耳と腰がつらかったですね……。そのお店は、今はもうなくなっています」

一年半ほどパチンコ店で勤めた後、一九歳の夏にS市の郊外に引っ越して一人暮らしを開始。新しく引っ越したアパートは、B市の時よりも家賃が高かった。

「時給のよい仕事を探していたんです。会社で働いても、なかなか貯金ができなかった。使い方もよくなかったと思います。給料をもらって、全部使って、カツカツになって……ということの繰り返し。これはまずいな、きちんと貯めたいなと思って」

高時給の仕事を探して、求人情報誌に載っていたコンパニオンの仕事に応募した。求人情報では、「旅館・料亭・ホテルなどの会場で、飲み物のご提供やお客様とお話をする仕事」と明記されていることが多い。

時給は三〇〇〇円程度で、一回の勤務は二時間。露出度の高い服装で接客するスーパーコンパニオン（ピンクコンパニオン）と呼ばれる職種は、より高時給である。「完全日払い・完全送迎・制服無料貸与」「ノルマなし・お酒が飲めなくてもOK・未経験OK・ダブルワークOK・託児所あり」など、かなりの好条件を提示している業者も多い。

こうしたコンパニオンの派遣会社は、デリヘルの経営も並行して行っていることが多い。女性の融通が利くからだ。

由香子さんも、実際に面接に行ってみると、担当者からはデリヘルの仕事を勧められた。

「面接に行ったら、『デリヘルの仕事もあるんだけど、やってみない？』と勧められて。デリヘルについては、これまで経験もなく、周りにそういう仕事をしている人もいなかったので、よく分からなかった。

『嫌だったら、その日でやめていいから。とりあえずやってみない？』と言われて。最初は断れなくて、いやいや始めたという感じでした」

事実上、求人広告に騙《だま》されたような形でデリヘルで働くことになった由香子さん。出勤初日、一人目のお客に入った時は、「デリヘルってこんな感じなんだ、本当に嫌だ……」と、身体的・精神的に強い抵抗感を覚えた。

しかし二人目以降は、そうした抵抗感が薄れていったという。

「最初のお客さんはすごく嫌だったんですが、その次のお客さんは、それが普通なんだろうけど、すごくいい人に感じて。これだったら大丈夫かな、と思いました」

由香子さんの出勤初日、店のスタッフは由香子さんに対して事前に何も説明せずに、オープン（開店）からラスト（閉店）まで、スケジュールを予約でびっしり埋めていた。

「いつの間にか予約がたくさん入っていたんです。私は何も言えず、お店の人に言われるがままに行って。最初は嫌だったけど、その日の最後の方には『あ、いけるかも』となっていましたね。お金をもらえたのもあったし、できなくはないんだな自分、と思って」

結局、その一日だけで一〇万円近い現金を得ることができた。それだけの金額を一日で稼いだ経験はこれまでなかった。

「これは毒だなと思いました。これだけ稼げることを知ってしまったら、果たしてこれから我慢できるかな……と」

生活水準が大幅にアップ

「毒だな」と思いつつも、由香子さんはそのままそのお店で働くことを決意する。それから約一年間、ほぼ毎日のように出勤し続けた。

「そんなに他にすることもなかったので。多い時は、一カ月ずっと出勤していました。夜からの出勤が多かったです。その時は遊ぶよりも何よりもお金、という感じでした。

それまではお金がなくて大きい買い物ができなかったのですが、家具や電化製品もすんなり買えちゃうようになりました。貯金は一気に貯まりました。

稼げるようになった分、買い物の金額も以前より大きくなったのですが、それでも貯まるペースの方が早くて。貯金もかなりできました」

デリヘルで働くことで、生活水準を大幅に改善させることに成功した由香子さん。しかし、最終的に稼いだお金を全て失ってしまうことになる。

「よくない方向に使っちゃったんです。お店の子の紹介で、毎日飲みに行くようになっちゃって。最初は週一だったのが、しばらくすると毎日通うようになって。お金も使っちゃうんですが、また稼げばいいや、という考えになってしまって。人のためにも使っちゃう。ご飯に行っても、自分が全部出しちゃったり。誰かから『お金を貸して』と言われたらすぐ貸してしまったり。知らず知らずの間に、貯めていたお金がどんどん出て行ってしまいました」

結局、デリヘルで働いて得たお金はほとんど残らなかった。そして仕事をやめるきっかけも急に訪れた。

当時付き合っていた彼に仕事がバレてしまい、「今すぐにやめて、別の仕事をしろ」と言われた。由香子さん自身はやめるつもりはなかったのだが、彼には逆らうことができず、手元にお金の全くない状態でやめてしまった。

生活困窮と予期せぬ妊娠

デリヘルをやめた後、すぐに昼の仕事を探して働き始めた。しかし時給八〇〇円程度では、毎日頑張って働いても月一二万円程度。これまでの収入との落差が大きすぎて、毎月の家賃や生活費の支払いが全く追いつかない。

綱渡り状態の中、彼の家に泊まったり、家賃の半額を出してもらったりして、どうにか生活を維持することはできた。しかし二人の関係が悪化すると、遠回しに「これまで払った家賃を返せ」と言われるようになった。

関係が冷え切った中、妊娠が発覚。今の状態では、結婚はお互いに考えられない。由香子さんは「だったら一人で産む」と言ったが、男性は反対した。

議論を続ける中で、「ダメって言っても止められないから、もう一人で産んでもいい」と男性が折れて、最終的に由香子さんが男性に養育費や認知を一切要求しないという条件で産む、ということで決着がついた。それ以降、男性との交流は一切ない。

妊娠発覚後はS市からE市の実家に戻り、そこからS市の仕事場に通うことになった。仕事先で社会保険に入っていたので、妊娠八カ月過ぎまで働いてから、産休を取得。育児休暇も利用することができた。

一定の条件を満たせば、雇用形態（正社員・派遣）や未婚・既婚にかかわらず、産休・育休を取得できることは、より広く知られるべきだろう。

産後の生活苦

二一歳の時に、第一子を出産。産む前はそれほどお金には困らなかったが、産んでからさまざまな出費が必要になり、支払いに困るようになった。

「入ってくるお金もちょっとはあったんですが、それでは全然足りないし。子どもにかかる生活用品も親に買ってもらったり、お金も借りたり……という感じでした」

すぐにでも働きたかったのだが、E市の保育園はどこも定員がいっぱいだった。E市の就学前児童数は減少傾向にあるものの、女性の就労形態や社会状況の変化などによって三歳未満児の保育のニーズが高まり、希望する施設への入園ができない状況だった。

E市役所の窓口では「区切りのよい四月まで待ってください」と言われて、結局一年間は仕事をしなかった。働かなければいけないのに、働けない。生活に困っている産後の女性にとって、この期間は「魔の一年間」といえる。託児所付きの風俗店に応募する女性が増えるのもこの時期だ。

由香子さんは、当初は育休明けに会社に戻る予定だった。しかし、実家からS市まで毎日通い続けるのは時間的な負担が大きく、結局一年後に退職することになった。

子どもを保育園に預けられるようになった四月からは、近くの農家で農作業の仕事をした。日払いで時給は一〇〇〇円。外仕事や水仕事が多く、体力的にはつらかったが、三年近くそこで働いて、生活費をまかなった。

しかし、生活は相変わらずカツカツの状態。子どもも三歳になり、このままでは貯金もできない。車も買えない。

「一人で子どもを育てている状況で、頼れるものが何もないのは不安でした」

デリヘル店スタッフからのLINE

そんな時、以前在籍していたS市のデリヘル店の事務所スタッフと連絡を取る機会があった。

「その人は、私が妊娠して出産したことを知っていたので、たまに『大丈夫?』という連絡は来ていました。デリヘルの仕事はもうする気はなかったんですが、やっぱり生活に困ってきて。

そういうのもありかなと思って連絡して、話を聞いてもらったら『とりあえず、がっつりじゃなくてもいいから、ちょっとずつ働いてみる?』と言われて。兼業で始めることにしました。ちょっとでも生活のプラスになればいいかなと」

出戻りの多い風俗業界では、女性の確保のために、過去に在籍していた女性に対して、定期的に連絡することをスタッフに指示している店もある。

店にとっては求人活動の一環に過ぎないが、出産や育児で社会的に孤立しがちな女性にとっては、「自分のことを心配してくれる人がいる」という実感を得られる貴重な機会になる。役所や保健師による訪問相談とは異なり、ＬＩＮＥでやりとりすることができ、具体的な仕事や収入を提示してくれる点でも、よくも悪くも圧倒的に頼りになるライフラインだといえる。

片道一時間半かけて毎日出勤

二四歳で、約三年ぶりにデリヘルの仕事を再開した由香子さん。はじめは生活費の足しになればいい、という思いで始めたのだが、次第に「がっつり貯めたい」と思うようになった。

「お店のスタッフにそう言われたわけではないけど、今の年齢で頑張っておかないと、これから先、もっとお金が必要になったら厳しいかなと。そう考えて、ここ一本で頑張ることにしました」

仕事をデリヘル一本に絞り、地元のE市から毎日S市に通い詰めるようになった。元々、S市までの移動時間が負担になって前職をやめたはずだったのだが、デリヘルの仕事に関しては、一度の出勤で得られる収入が高いこともあり、S市までの移動は苦にならなかった。

「お店は一〇時出勤なので、子どもを朝八時までに保育園に送って、そのまま車で一時間半かけてS市の事務所まで出勤しています。ほぼ毎日ですね。

保育園は通常一六時上がりなので、一七時まで延長をお願いしています。そうすれば、S市で一五時まで働いて、一七時前には迎えに行ける。

出勤できるのは正味五時間くらいなので、接客できるのは一日で四人。保育園のお迎えは多少時間が過ぎても三〇分以内ならOKだったので、頑張れば五人に接客できました。

一日に五人つけば、三万円強の稼ぎになります。お店のランクは、最初は一番下だったのですが、今は少し上がっています。単価が上がれば、長時間出勤して少ない人数を接客した方が、収入は多くなるかもしれません」

由香子さんが在籍している店は、年齢や容姿、指名数などを基準にして、女性を三つのランクに分けている。「レギュラー」は六〇分一万四〇〇〇円、「ゴールド」は六〇分一万六〇〇〇円、「プラチナ」は六〇分一万八〇〇〇円だ。由香子さんはレギュラーからスタートして、ゴールドにランクアップした。

毎日出勤して、一日に二〜三万円近く稼げるのであれば、生活は十分に成り立つだろう。シングルマザー向けの制度は、どの程度利用しているのだろうか。

「ひとり親の手当（児童扶養手当）はもらっています。四カ月に一回、月額計算だと四万くらい。ほぼ最大に近い額をもらえているので、非常に助かるんですが、この手当だけで生活するのは無理だなと。手当が入る月はちょっと余裕が出るな、くらいですね」

デリヘルのおかげで、生活と精神状態が安定

デリヘルの仕事を再開してから四年が経《た》った。指名の数や収入に変化はあるだろうか。

「ランクが上がると料金も上がるので、離れる人は離れます。逆に今まで来なかった人が来る

ようになるので、プラスマイナスゼロかな。

手取りは一〇〇〇円上がるだけでも、本数（お客の数）が増えれば合計で四〇〇〇～五〇〇〇円違ってくる。毎月いくら稼いだかを、自分で計算しています。一度来てくれた人にはリピートしてもらうことが大事です。リピーターのお客さんは、長い人で二年くらいですね。一年越しに来る人もいます。三年間定期的に指名してくれる、という人は今のところいません」


デリヘルの仕事を始めて、由香子さんの生活は安定した。貯金もできるようになり、精神的にも余裕ができたという。


「余裕がなかった時は、常に支払いに追われて切羽詰まっていて、土日も農作業の仕事に入っていました。土日は休んでも出てもどっちでもいいよ、という感じの仕事だったんですが、休みたい気持ちはあっても、出ないとお金が……となって、結局出てしまう。

休日返上で、ぶっ続けで二週間働いた時もありました。子どもの体調不良で休まないといけない時は、その分別の日に働く。子どもを遊びに連れて行く時間もなかったし、どこかに行くことも考えられなかった。

今はお金に余裕ができて、遠出もできるようになった。休みも全然取れるし。土日のどちらかは休むと決めているので、どっちかは出て、どっちかは休む。今は稼げているから『出なきゃ！』という切羽詰まった感じではなくいられる。

車のローンも終わったし、家賃もないので、毎月の支払いで困ることはない。車検とか、何年かに一回の大きな出費はあるけど、今は落ち着いています。

子どもは小一になりましたが、お金がかかるのは入学時のランドセルとか体操着とか、最初だけ。ちょこちょこ買わなきゃいけないものはありますが、それほどの金額ではない」

最初にデリヘルで働いた時は、稼いだお金を全て使い果たしてしまった。その反省もあり、現在はきちんと貯金するようにしている。

「この仕事は、出勤しても常に安定して同じ収入が入ってくるわけではない。少なくなった時のために、貯金は崩したくない。貯金を崩すのであれば、その分出勤を一日増やす。貯金からお金を出したくない。

出勤すれば必ずお客がつくかは、なんとも言えない。つかない日も全然あるので。そういう日もあると思ってやっています。お客さんが入らなければ、ガソリン代でむしろマイナスになる。それだけはどうにか避けたいなと。

仮に一本入ったとしても、昼の仕事でもらえる一日の稼ぎより少ない。そうした日が続くと、待機している時間が無駄だな……と思ってしまいます。五～六時間待機していても、指名が入らないとお金にならない。昼職をした方がいいんじゃないのかな、と思う時もあります。

去年や一昨年と比べると、給料日の前や大きい休みの後とかは、売り上げが下がっている気がします。この連休中も思ったより稼げなかった。忙しい時期だから絶対稼げる、というわけではないので、だんだん不安が出てきました。今までは絶対稼げると思っていましたが、それも危ういなと」

二人目の子どもを妊娠

いつまでこの仕事を続けられるのか、という漠然とした不安を感じる中、二人目の妊娠が発覚。相手は、飲み屋で知り合った男性。半年ほど前に出会って交際をしていたが、結婚の話はしておらず、子どもには会わせていなかった。

妊娠が発覚した時、相手の男性から「俺はどうしたらいい？」と尋ねられた。

由香子さんは「産むよ」と告げたが、男性は「結婚してほしい」という感じでもなかった。

また妊娠が発覚してから、それまで知らなかった男性の事実が次々に発覚。仕事をしていると言っていたが実は働いておらず、収入もほぼない。離婚経験があり、前の妻との間にできた子どもの養育費を支払わなければいけないのだが、払えていない。

その時点で、由香子さんは「ああ、やだな」と思ってしまった。


「仮に養育費を請求しても、この人には支払うことはできないだろうな……と思ったので、この人とは無理だなと。

それで、もう何も要求することはないから、お互いに会ったり連絡したりしないようにしようね、と言いました。それ以上話し合ったところで、どうにかなることもないし。バッサリ切りました」


二度と会いたくもない、考えたくもないという理由で、父親の男性との連絡を絶ってしまう女性は少なくない。女性本人にとってはそれでいいのかもしれないが、生まれてくる子どもにとっては、経済的な不利益にしかならない。

二度と顔も見たくない、思い出したくもない相手に対しても養育費をきちんと請求し、子どものために受け取る力＝「受給力」を上昇させるための支援、それと並行して父親側の「支払い力」を高める仕組みの構築が急務だろう。

現在、由香子さんは妊娠四カ月。もうすぐ安定期に入る。幸いにもつわりはそれほどひどくないので、妊娠が分かった後も店には出勤している。

「動けないとか、仕事できないとかいう感じでは全くないです。朝起きた時はちょっと具合が悪いけれど、動き始めるとだんだんよくなる。匂いとかはちょっと気になりますが、吐いたりはしない。ただ、動きすぎると身体がしんどくなる。眠気も襲ってきます」

母親は今の仕事を知らない

実家の母親には、まだ妊娠したことを伝えていない。

「母にはそろそろ言うつもりです。お金がないから助けて、と言うと反対されそうなので、貯金もあるのでお金に関してはそれほど迷惑はかけない、という前提で話そうと思っています。自分がいない時や面倒を見られない時に、誰かにお願いしなければならない。サポートを全く受けない、というのは無理」

ちなみに由香子さんの母親もシングルマザーで、二五歳の時に由香子さんを産んだ。四六歳で由香子さんに子どもが生まれて、おばあちゃんになったという。

実家の母親は、由香子さんが今の仕事をしていることは知らない。前の仕事をやめたことすら伝えていないという。出勤する時間、家に帰ってくる時間も以前と変わらないし、デリヘル用の服装では家を出ていない＝お店に出勤してから着替えるので、何も聞いてこないそうだ。

「ただ、私が貯金をしていることは知っています。前の職場では休みの日でも出勤していたので。貯めている金額は言えないけど、多少余裕はあるくらいには思っているはずです。できればギリギリまで働きたい。八カ月ちょっとくらいまでですかね。どこまでできるかは分からない。今のお店にも、出産ギリギリまで働いている女性はいました。

産後は今の店に戻る可能性が高いです。ただ、子どもを誰かに見てもらえないとどうにも動けないので、保育園に入れるとしても一歳頃になる。

ここのお店には託児所もあるので、そこでゼロ歳児から見てくれる人がいれば、働けないこともない。でも、まだ分からないですね。

自分の住んでいるE市には、そもそも託児所がないんですよ。隣の市にはあるけど、使えない。仮に使えるとしても、利用料金がその日の稼ぎより多くなってしまう。それでは意味がない。だから今のお店で預かってもらうのが一番いい。他の仕事だと、預ける場所が確保できない。

また一年間保育園に入れるまで待つのはつらいです。上の子だったらうちの母が見てくれるんですが、下の子は難しい。そして二人同時も無理。下の子を連れながら仕事をするわけにもいかないので、困りますね」

未婚で産む決意

二人の子どもを抱えて生活していくために必要なお金は「二〇万くらいあれば」と由香子さんは語る。デリヘルで一五万くらい稼げれば、児童扶養手当や昼の仕事との兼業で生活できると考えている。

「このお店で働くのは、子どもが一歳になるまででもいいかな、と。やめなくても、昼をメインに仕事をして、たまにこっちでも働くという感じで。さすがにずっとここで働くのは不安しかないので。

いつも困るのが、仕事をしている証明が出せないことです。年末調整や確定申告で困る。他に仕事をしていればどうにかなるので、昼の仕事もしたいな〜と。

ここでしか働けないとなると困るので、徐々に昼の仕事に戻していきたい。いつまでもできる仕事ではないので、そろそろ……と思っていたタイミングに妊娠したんです。

お金がなかったら、産むことは迷ったと思います。今は、上の子も手がかからなくなってきたし、まだ産むまでの時間もある。自分の中で先のことを考えて『大丈夫だ』と思ったので、産む決意をしました。

産まないという選択は考えなかった。お腹《なか》の中に一人の人間がいる。父親がどうこうというよりは、自分の中から出てくるものなので。仮に父親が憎くても、産みたくないという感じはない。それが大きいですね」

産む決意を固めた由香子さん。ただ、第一子の時と同様に、産んだ後にさまざまな問題が待ち構えていることは、火を見るより明らかだ。

一人目に続き、二人目も未婚での出産になるが、育児をサポートしてくれる家族や地域のつながりはあるのだろうか。

「つながりは、店と実家以外特にないです。小学校のPTAも、入ったばっかりで特につながりはない。仲のよい人はいますが、グループで何かをするというのはない。他の母親に会うのも学校行事の時くらい。

同じくらいの子どもがいる友達同士では、育児の話もします。『そうだよね、みんな同じだね』と」

子どもの障害

一人目の子どもは、集団行動が苦手な特性があり、小学校では特別支援学級に通っている。

「うちの子はみんなと一緒に何かをすることができない子どもで、他の子と比べてヤバいのかな〜、と思った時もありました。

保育園の時に先生からそういった子どもをトレーニングする教室に参加することを勧められて、年中から卒園まで通いました。

小学校に入った今でもそういう傾向はあって、団体行動が苦手。今は国語と算数が授業のメインなんですけど、みんなと一緒にできない。気持ちがついていかない。先生も一人だから、全員に対してケアできない。

それでやる気をなくして学校に行かなくなってしまう前に、特別支援クラスに入りました。小さい教室で一人一人にあった教え方をしてくれる。そこだと勉強が楽しいみたい。

問題はいっぱいありますけど、学校とやりとりして相談できる。それほど悩むことではないかな。（周りから）言われることはいっぱいあるけど、そんなもんでしょ、と。

そこで一人で『どうしよう』と混乱したり、子どもに対して『なんでそうなの?』と怒るような感じではないですね」

ひとり親家庭の子どもに障害がある場合、親は学校の送迎や同伴などに時間が取られ、フルタイムの仕事に就くことが困難になる場合が少なくない。そうした状況下で、「短時間で高単価を稼げる仕事がしたい」という理由で風俗の仕事を選ぶ女性もいる。

「近い目標を一個ずつクリアしていくことが大切」

一人目の子どもに障害がある中で、さらにもう一人の子どもを未婚・ひとり親の状態で育てていくことには大きな苦労が伴うはずだが、これから二人の子どもを育てていく上で、「あったらいいな」と思う制度はあるだろうか。

「託児所くらいかな。今は(育児の環境が)よくなったと思います。(育児に関する)いろいろな手当も、昔はなかったよ、と言われるので。よくしてもらっている気もします」

同じ境遇に置かれているシングルマザーに対しては、「近い目標を一個ずつクリアしていくことが大切」と由香子さんは語る。

「今の仕事に関しては、すごく楽しいから続けられている……というわけではない。やっぱり嫌だし。でも子どもと自分のためでもあるから、嫌だけど我慢している。

子どもと先のことを考えていけば、なんでもできる。旅行に行く、子どもと二人で住む、そういった目標を持ってやっていると心が折れない。

ただ漠然と『数百万円を貯める』といった大きな金額を目標にしても、途中で挫折してしまう時があると思います。近い目標を一個ずつクリアしていった方がいい。

その目標の中には、自分にとってよいことも入っていないと、ただただつらいだけだし、お金が入っても苦しい。

お金を稼ぎたい気持ちは分かるけど、子どもとの時間は絶対必要だし、仕事を離れて普通の自分に戻る時間も必要。オンとオフの切り替え、難しいですけどね。それがうまくできれば、また頑張れると思う。

私も最初はうまく切り替えができなかったけど、子どものため、そして自分のためだと考えたら、今の仕事で嫌なことも、そんなでもないかなと。家に帰ってまで、仕事のことを考えても仕方がない。よいこともあれば悪いこともあるので……という感じですかね」

目の前に積まれた膨大な仕事・家事・育児の前でフリーズしてしまい、先のことが考えられなくなる人がいる一方で、先のことばかりを考えた結果、「このままでいいのだろうか」という不安に押しつぶされて精神を病んでしまう人もいる。

そうした中で、過去や未来に振り回されず、現在の出来事に対して過度に一喜一憂せずに「目の前の目標を一個ずつクリアしていく」という由香子さんの処世術は、ある種の自己防衛として機能しているのだろう。

地方都市の風俗で働くシングルマザーは、本章の由香子さん、第一章の彩さんのような未婚の母親だけではない。夫とは離別も死別もしていない＝一緒に暮らしているが、さまざまな事情で家庭内でのワンオペ育児を強いられている「隠れシングルマザー」も数多く働いている。

次章では、地方都市におけるサイレントマジョリティの一角を形成している隠れシングルマザーの生活に焦点を当てていきたい。

第三章　義実家という名の牢獄《ろうごく》

離婚できない「隠れシングルマザー」

「夫から、『客とはできるのに、俺とはできないのか』って責められるんです」

苦々しい表情でつぶやく大柳千夏さん（三一歳）は、三歳の娘と八カ月の息子を育てている母親である。一〇代の頃から水商売と風俗で生活してきたが、二〇代半ばで現在の夫と結婚。

S市内の板金・塗装会社で働く夫は、育児に対してはノータッチかつ無関心。部屋で子どもが泣いていても、何もしないでスマホのゲームに熱中している。

休日に家族で地元のショッピングモールに出かけても、キッズスペースの外側に座って、自宅と同じように黙ってスマホをいじっているだけ。千夏さんが第二子を妊娠している最中も、全く家事を手伝ってくれなかった。

第二子の出産後、車のローンや家賃の支払い、子どもの医療費や学資保険などの出費がかさみ、夫の収入だけでは家計が回らなくなったため、千夏さんは再びS市内のデリヘルで働き始めた。

しかし夫にお店のホームページを見られてしまい、働いていることがバレてしまった。なぜ見つけられたのかは、今でも分からない。

「すぐにやめるから許してほしい」という約束をして、どうにかその場は収めることができた。

一度夫にバレた後も、千夏さんは「コールセンターの仕事をしている」と偽って、デリヘルで働き続けている。源氏名を変えて、勤務証明書もお店から出してもらった。アリバイ対策を入念に行うようになったため、今のところは夫にバレていない。

デリヘルはワンオペ育児に追われる女性のオアシス？

「今のお店には、経済的にも精神的にも助けてもらっています」と千夏さんは語る。

「お店に来て、待機部屋で仲良しの女の子たちと話すと、メンタルが回復します！　みんな同じような境遇で、子どもや夫に対して同じような悩みを抱えているので。

ワンオペ育児をしているママの中には、『デリヘルの仕事が、唯一の息抜きになっている』と言う人もいます。

子どもって、日本語が通じない宇宙人ですよね。家の中で日本語が通じる人間は夫だけなんですが、その夫とも話せない。あるいは長時間労働で帰宅が深夜になるので、そもそも会話自体をする時間がない。休日も疲れて寝ているだけ……となると、もうどうしようもない。そうした愚痴をここで話すと、ストレス解消になります。

ここで出会った友達の勧めでピルを飲むようになってからは、生理前のイラつきや精神的な不安定さも少なくなり、だいぶ楽になりました。

ただ一度夫にバレてからは、出勤情報や写真をホームページに上げられなくなったため、今はリピーターさんからのメールを待つしかない状況です。

源氏名も変えたのでお客さんが減り、収入はこれまでの半分以下になってしまいました。爆サイなどの匿名掲示板で、『あの子は、以前○○ちゃんだったよね』と特定されないかどうかも不安です」

収入の低下に加えて、夫からことあるたびに風俗で働いていたことを引き合いに出され、責められるようになった。

夫はケンカした後に「仲直りセックス」を要求してくる。千夏さんはそれがたまらなく嫌で断りたいのだが、拒否すると、夫は「まだ風俗で働いているからだろ！」「客とはできるのに、俺とはできないのか」と声を荒らげて千夏さんを責め立てる。そのため結局、応じざるを得ない。

ある時、夫がスマホのソーシャルゲームの課金で百数十万円ものお金を使い込んでしまったことが発覚した。全額を千夏さんが返済することになったのだが、夫は「妻が風俗で働いていることに耐えられなくなって使ってしまった」と言い訳をしている。

「私がデリヘルで働いているのは、夫の稼ぎが少なくて、それだけでは生活できないからです。それなのに、働いていることを責められるのは納得がいきません。

夫に対しては、もはや愛情もなければ情もないので、正直離婚したいのですが、『離婚したら、風俗で働いていることをきょうだい親戚にバラすぞ』と脅されています。

母親が風俗で働いている場合、離婚調停で不利になって、娘の親権も取られてしまうかもしれないと思うと、なかなか離婚には踏み切れません」

千夏さんのように、夫婦の関係不和や家庭内の問題によって、事実上のワンオペ育児を強いられている「隠れシングルマザー」は、S市内のデリヘルの待機部屋ではごく日常的に出会う存在である。

児童扶養手当を含め、シングルマザーに関する支援制度やサービスは、夫と死別・離婚した女性でないと利用できないことが多い。夫と離婚できないがゆえに、あるいは離婚するまでのつなぎの仕事として、デリヘルを選ぶ女性は少なくない。

一九歳で妊娠・結婚、そして夫の借金

杉本玲美さんは、現在三二歳。出身はＳ市で、現在は結婚してＳ市に隣接するＡ町に住んでいる。

子どもは一一歳の長女（小六）、六歳の長男（小一）、四歳の次男（年中組）の三人。夫（三七歳）・義父（無職）・義母（現役で働いている）と同居している。

高校卒業後、Ｓ市内の飲食店に勤務していた際に、現在の夫（当時二四歳）と出会った。交際を始めてから間もなく、妊娠が発覚。玲美さんはまだ一九歳だった。

妊娠を報告したところ、「じゃあ、結婚しよっか」と言われ、そのままできちゃった婚をすることに。

妊娠が発覚した後、飲食店は退職した。入籍後はＡ町にある夫の実家に入り、家の近くのスーパーでレジのパートを始めて、臨月まで働いた。

第一子（長女）を出産後、二カ月で別の店のレジに勤め始めた。産後すぐに働き始めた理由は、夫に借金があることが判明したからだ。

第一子の生まれる一カ月前に、夫の借金（三〇〇万円程度）が発覚。理由はパチンコでの使い込みだった。「そこから、ずっと苦労の連続で……」と、玲美さんはうつむく。

安定した仕事を探したものの、子どもがまだ小さいため、正社員としてはなかなか採用にならない。時給がよさそうなアルバイトを転々とした。

一方の夫は、長女が生まれてからすぐ、玲美さんの事前了解を得ることなく、正社員として勤めていた会社をやめてしまった。主にユニック（クレーン車）等を操作する建設系の仕事で、中型免許の資格を活《い》かせる職場だった。やめた理由は人間関係。

「給料もボーナスも出る安定した職業なのに、なんでやめてしまったんだろう。子どもがいればそのくらい我慢できるんじゃないかな……と思うんですが」

それ以降、現在に至るまで、夫はずっと給料週払いの交通誘導員として、S市内の現場で働いている。正社員だった以前の仕事に比べて給料も大幅に減り、社会保険にも加入していない。国民健康保険で、支払いは免除という形になっている。

パチンコによる借金は全て消費者金融から借りており、現時点での合計額がいくらになっているのかは確認できていない。夫は「自己破産はしない。毎月ちょっとずつ返す」と主張している。

金額的に見ても、現在の給料で働いて返済することはまず不可能だ。「債務整理した方がいいのでは」と玲美さんが提案するものの、かたくなに拒否。弁護士に債務整理の相談に行くこと自体、「絶対に無理」と拒んでいる。なぜそこまで嫌がるのか分からない。

夫は普段人とあまり接することもなく、休みでも一日中家にいて、暇さえあればパチンコに行く。地元のパチンコではなく、隣のB市にある大手のホールにいつも通っている。交通誘導員の給料は週払いで、毎週金曜日に入るが、その日のうちに全額パチンコに使ってしまう。

「なんで全額使ってしまうの？　なんで生活費のために残さないの？　と呆《あき》れてしまいます」

こうした状況のため、借金は減らずに増える一方。子ども三人分の児童手当も夫の口座に振り込まれてしまうため、全て夫がパチンコに使ってしまう。児童手当は夫婦のうち所得の高い方（一般的には夫側）に支給されるルールがあるため、玲美さんの口座に振込先を変更することができない。

アルコール依存の義父、束縛したがる夫

こうした夫の借金問題以上に、玲美さんが一番気に病んでいるのは、同居している義父との関係だ。

義父はアルコール依存。定年退職の前から腰と足が悪くなり、仕事ができなくなったことをきっかけに酒に走った。医者嫌いで、病院には全く通っていない。

月に三〜四回、義父の機嫌が悪くなる時がある。お酒に酔って、不平不満をダラダラと言う。玲美さんの子どもたちに当たったり、「うるさい」「あっち行け」と理不尽に怒ったりする。

玲美さんに対しては、「俺がお前たちの面倒を見てやっているんだから、金をよこせ」と生活費を渡すように迫る。渡さないと、キレて大変なことになる。

夫との関係が悪化する中でも、性生活は続いていた。玲美さん自身は、日々の育児や家庭内トラブルで身体的にも精神的に疲れており、夫とはセックスしたくないと思っているが、夫の要求を拒否すると「男がいるんじゃないか」と疑われる。夫は嫉妬深い性格で、玲美さんのスマホを勝手に見るなど、いつも束縛したがる癖がある。

「そうやって疑われるのも嫌だし、いくら『浮気なんてしていない』と主張しても、夫から執《しつ》拗《よう》にあれこれ言われるので、仕方なく応じていました。

私は子どもができやすい体質で、すぐ妊娠しちゃうんです。真ん中の子も、下の子も。でも、おろすことは考えたくない。子どもが一番かわいそうなので、産む方向にしか考えられない。産んだら大変なことは分かっているけど、私一人が頑張ればいいか……と考えていました」

「私一人が頑張ればいい」――これは、風俗で働くシングルマザーの女性が異口同音に発する台詞《せりふ》である。

自己責任論の内面化という視点からも理解できる台詞だが、現実的に見れば、パチンコ依存の夫やアルコール依存の義父の言動を変えることは、極めて難しい。

この家庭の中で離婚せずに子育てをしようとした場合、「玲美さんが全てを我慢して、とにかく一人で頑張る」以外に答えはない。

育児方針の違いで義母と対立

第一章でも紹介した通り、A町は育児支援が非常に充実しており、子どもはすぐに保育園に入ることができた。子どもが三歳以上になると、「ここの保育園に行ってくださいね」と役所から通知が来るという。保育料も全て無料だ。

「育児に関しては、A町に住んでいて非常に助かりました。そうした支援がなかったら、おそらくやっていけていないです」

長女の時は、初めての育児で夜泣きに対してどう対応していいか分からず、夫も非協力的だったため、大変だった。どうしても寝ない時は、車に乗せてドライブした。車内で寝ついた頃を見計らって家に戻り、静かに布団に置く。しかし背中が布団についた瞬間、また泣いてしまう。

それでも、慣れてくれば楽になる。二人目、三人目になってあやし方も分かってくると、気持ちに余裕ができた。ちなみに玲美さんは母乳が出ず、ずっとミルクだった。

育児に関しては、義母のサポートはあまりなかった。長女が生まれた初めの頃はあれこれアドバイスをしてくれたが、次第に「あなたのやり方が悪い」と文句を言われることが増えた。

義母は子どもに厳しく、「なんですぐ泣くの」と叱る。玲美さんが泣いている子どもを抱っこすると、「なんで抱っこするの?」と怒られる。まず子どもの気持ちを落ち着かせてから「どうしたの?」と聞くのが玲美さんのやり方なのだが、義母にはそれが通じない。

「なんで私のやり方でやらせてくれないの、と腹が立ちます」

仕方がないので、子どもが泣いた際は、義母の見ていないところに連れて行ってあやすしかない。ずっと義母に監視されているような状態なので、早く家を出たいと考えている。しかし、それは経済的に難しい……。

地方都市では、玲美さんのように「義実家という名の牢獄」に閉じ込められている女性は決して少なくない。

三世代世帯には、ひとり親世帯に比べて安定したイメージがあるが、決して貧困に陥るリスクが低いわけではない。三世代世帯の子どもの貧困率は核家族世帯よりも高い、と主張する研究者もいる（阿部彩・鈴木大介『貧困を救えない国 日本』ＰＨＰ新書）。

保険会社の同僚からデリヘルを紹介される

そうした中で、玲美さんは二年前から風俗の仕事を始めた。きっかけは、当時勤めていた保険会社で出会った女性からの紹介。彼女はＳ市内にあるぽっちゃり専門店のデリヘルで働いており、玲美さんの家庭の事情も知っていたので、「嫌かもしれないけど、稼ぎたいのであれば、こういう仕事があるよ」と勧められた。

「ちょっとでも稼げるんだったら……」と思い、いやいやながらデリヘルでの勤務を開始。知り合いの女性の働いている店の姉妹店である人妻・熟女デリヘルで働き始めた。三〇～五〇代の女性が在籍しており、料金は九〇分一万五〇〇〇円。Ｓ市では安い価格帯に入る。

出勤は週五日、一〇時半から一七時まで。夜は一七～二一時。働いている間、子どもは義父母に見てもらっていた。

「休みの日があると、義父母から『なんで働かないんだ』と嫌味を言われるため、ほぼ毎日出勤していました。風俗で働いていることはもちろん告げずに、普通にレジの仕事で働いている、と伝えています」

この仕事で稼いで、ちょっとでも貯金したいと思ったが、子どもが三人いるとなかなか貯められない。

低価格帯の人妻・熟女デリヘルということもあり、お店の客層は正直あまりよくない。むしろ悪い人の方が多く、「挿《い》れさせろ」「店外で会おうよ」と執拗に言い寄ってくる客もいる。

地方都市の人妻・熟女デリヘルでは、本番行為が常態化しているような店もある。玲美さんは、客からの要求や誘いはきっぱり断っている。

「うちのお店は本番禁止ですが、他の女の子たちに話を聞くと、している子も多いみたいですね。稼ぐためには、自分も本番をしなきゃいけないかな……と思ったこともありました」

接客中に保育園から電話がかかってくる

S市の郊外にある事務所は、待機部屋と一体になったオープンスペース。待機中は、他の女の子たちとテレビを見ながらしゃべったり、他愛もない会話をしたりといった交流もあった。一～二人ほど仲良くなる人はいたが、お互いの家庭のことまでは話さなかった。お店のスタッフとも仲良くなり、居心地のよい環境ではあった。

しかし、働いている最中も家の義父母が足かせになった。保育園から「お子さんが熱を出したので、迎えに来てください」という連絡があっても、義父母は全く対応してくれないため、玲美さん自身が行かなくてはいけなかった。

ラブホテルでの接客中に、保育園から電話がかかってきたこともある。どうしても玲美さんがすぐに迎えに行かなければならない場合、お客に事情を話してどうにか納得してもらい、プレイを中断してそのままホテルから保育園に向かったこともあった。

「その時は、本当にお客様に申し訳ない気持ちでいっぱいになりました。友達にも『よく我慢しているよね』と言われます」

デリヘルの仕事を始めたことで、かなりの収入は得られるようになった。だが、玲美さんの収入が増えると、夫が勝手に財布からお金を抜いてしまうようになった。

「気がついたら、財布にお金がない。『えっ？』みたいな。支払いのために分けておいたお金がなくなっていることもありました。

でも、そこで夫に文句を言っても口論になるだけなので、もう面倒臭くなって、何も言わないようになった。同居の嫁という立場なので、あまり強く言えない。義父母も昔の考え方の人間なので、話が通じないんです」

離婚は何十回も考えた。でも、子どもたちが夫とニコニコしながら遊んでいる姿を見ると、自分が我慢すればいい、と思ってしまう。

「自分さえ我慢していれば、なんとかなるかな……という考えで今までやってきました。今はもう、子どもしか生きがいがありません。財布からお金を抜くような夫には全く信頼関係を持てませんが、子どもがいるから、家に帰ろうと思えるんです」

セカンドキャリアとしてのメンズエステ

玲美さんは、現在はデリヘルをやめて、メンズエステで働いている。ボディタッチなし、射精もなしで、施術＝オイルマッサージをするだけ。メンズエステに移ったのは、デリヘルで勤めていた時のスタッフが独立して「こっちに来ないか」と誘われたから。

メンズエステの仕事はデリヘルよりは稼げないが、時給制＋歩合なので、出勤しても時間が無駄にはならない。

「デリはお客さんがつかなければ稼ぎはゼロだけど、メンズエステはその点、安心。でも面倒臭いお客さんも多いですね。『抜いてくれ』とか『他の店がそういうことをしているから、やってくれてもいいだろ』とか」

メンズエステは、風俗と異なり性的なサービスを行わないという建前で営業しているため、警察への届け出が不要で、マンションの一室などでも開業できる。S市内でも増えている業態だ。

しかし、お客と女性の個人交渉で性的なサービスが行われることがあり、そうした振る舞いを黙認している店も多いため、トラブルが起こりやすい。「デリヘルよりも、メンズエステの方が客層が悪い」と語る女性も多い。

風俗同様に短時間・高単価の仕事であるメンズエステは、デリヘルを卒業した後の仕事として選ばれる傾向があるが、思うように稼げなかったり、客層の悪さに疲れてしまったり等の理由で、再びデリヘルに戻る女性もいる。

「お金を出してしまう私も悪いのかもしれない」

今の収入は月二〇万円程度。毎月の生活費として、そのうち五万五〇〇〇円を義母に渡している。出費を切り詰め切り詰め、どうにかやりくりしている状態。夫の給料はあってないようなものなので、家計は別にしている。車は一家で三台保有しているので、その出費も痛い。仕事の間だけは義母が子どもたちを見てくれるが、育児はほとんど自分一人でやっている。お風呂と食事の用意は母親のやることだと思っているので、特に苦ではない。

「私がやらないと……という感じです。子どもが中学校に上がれば、もっとお金がかかる。考えるとめまいがしてきます。毎月、自分の携帯代を支払うのも精一杯。こんなに働いているのに、どうして楽にならないんだろう……。切ないです」

そうした苦しい家計状況にもかかわらず、夫は「今月、ちょっとお金がなくて払えないんだけど」と当たり前のように玲美さんにお金を要求してくる。

交通誘導員の仕事は天候や季節によって変動がある。冬場の積雪などで仕事がなくなる時期になると、給料が入ってこない。次の仕事場が決まっても、その現場まで車で行くためのガソリン代がない時もある。そこで「ガソリン代出してくれ」「タバコ買いたいから、お金をくれ」という細かい要求をしてくる。

「そこでお金を出してしまう私も悪いのかもしれないんですが……」

S市の実家にいる親は、玲美さんの現状を知っている。「そんな家、早く出て戻ってこい」と言ってくれるが、子どもたちのこともあって、なかなか離婚には踏み切れない。

二年前に母親が五〇代の若さで亡くなった。「早くこっちに戻ってこい」と親身になって言ってくれたのに、母親の願いに応えることができなかった。

体調不良、気分の浮き沈みが激しい

「今後は、できれば昼間の仕事で正社員として働きたい。接客が好きなので、サービス業が向いていると思う。経済的な安定を得て、一刻も早く家を出たい。もちろん、そうなったら子どもたちは全員連れて行きます」と玲美さんは意気込む。

職業訓練や就労支援については、これまで受けたことがない。どんなものかも分からない。現時点でつながっている窓口は、A町役場の子ども教育課。

窓口で担当者から「就学援助（同居家族全員の前年の合計所得が一定基準以下の家庭に、学校でかかる学用品費や給食費等の一部を助成する制度）について、小学生のお子さん二人が対象になると思うので、検討されてみませんか」と言われた。

就学援助を受けている家庭は、決して少数派ではない。S市では、全児童生徒数の三割弱が就学援助の認定を受けている。

その際に児童手当の話になり、これまでの家庭の事情等を（デリヘルで働いていたことを除いて）全て担当者に伝えた。

そうしたら、「よい方法があるかもしれないから、探してみますね」と言われて、連絡待ちの状態だとのこと。

現在の体調は、あまりよくない。薬を飲んだりはしていないが、気分の浮き沈みが激しい。

「何もないのに泣きたくなったり。ストレスを溜め込んでしまう方なので、一気にバーンとなる。生活がうまくいけば、そういうこともなくなるのかな……」

子どもの通う小学校のＰＴＡには、仲のよいママたちもいっぱいいる。お互いの旦那の愚痴を言ったり、聞いたり。ただ、デリヘルやメンズエステで働いていることは、誰にも言っていない。知っているのは、ごく一部の友人とお店のオーナーのみ。

一方の夫は、小学校の参観日や運動会には今まで一回も行ったことがない。行事は全て玲美さんが出席している。パチンコ以外で人と交流したくない、という考えなのかもしれない。

「今の時代、父親も参加することが当然になっているのに、なんでだろうと思いますね」

「一人で溜め込まないで」

三人のお子さんには、どんな子どもに育ってほしいと考えているだろうか。

「自分は、子どもの頃いじめられていた方なので、『学校で何かあったらすぐ言ってね』と伝えています。子どもの話を聞いてあげられる環境をつくることも大事。一人で思い込みすぎたり、抱え込みすぎたりしないように。いろいろな人と仲良くなって、情報を共有できるようになってほしい。あとは元気に育ってほしい」

同じ境遇の中、風俗で働いている女性たちに対しても、「一人で溜め込まないで、友達でも誰でもいいから、話してほしい」と玲美さんは語る。

「ちょっと話すだけでも、聞いてもらえたというだけでも、心の荷物が減る。イライラして子どもに当たるのは最悪です。子どもは何も悪くない。

制度としては、私のように苦しんでいる人たちに向けた手当とかがもっとあれば。どんなサービスがあるのか、そもそも知らないので。

風テラスのような窓口があることを、もっと知ってもらいたいです。私も今までずっと悩んでいたんですが、今回お店のオーナーやセラピストから聞いて、初めてこういうのがあるって知ったので。こうした窓口の存在を共有すること自体が難しいのかもしれませんが。

今後は、今の生活を変えるためにどのような方法があるのか、そしてどのような形で動けばいいのかを知りたいですね」

問題を一人で抱え込むには、それだけの理由がある。玲美さんが風テラスの存在を知ったのは、お店のオーナーやセラピストといった、業界の中にいる人たちからの情報だった。

S市では、風テラスと地元の風俗情報サイトの運営会社が連携して、デリヘルの店長やスタッフ向けの法律や経営の勉強会を開催している。その勉強会にお店のオーナーが参加した際に風テラスの存在を知って、玲美さんに情報を届けることができた……という流れだ。

家庭内や地域で孤立しがちなシングルマザー、隠れシングルマザーに情報を届けるためには、これまでの行政やNPOによる広報・啓発活動とは異なる経路の情報発信、あるいはアウトリーチ型の支援（支持者の方が現場に出向く活動）が必要になる。

次章では、社会から孤立した結果、「自宅出産」というハイリスクな結果を選ぶことになったシングルマザーの事例を取り上げ、そこから既存の情報が届きづらい状況にある人たちにも届く情報発信の方法を考えていきたい。

第四章　たった一人の自宅出産

高校入学後三カ月で中退

河尻しのぶさん（二六歳）はS市の郊外出身。母親が二一歳の時の子どもだった。中学一年生の時、両親が離婚。しのぶさんは兄と一緒に母親に育てられることになった。母親はS市中心部の繁華街で水商売の仕事をしながら、しのぶさんたちを養っていた。

中学卒業後、しのぶさんはS市内の公立高校普通科に進学。偏差値は三〇台で、いわゆる底辺校と呼ばれる高校だった。

S市のある県の高校中退率は一・三％（二〇一六年）であるが、学校によっては一年生の夏休みまでにクラスの人数が大きく減ってしまうところもある。しのぶさんも、入学してわずか三カ月後に中退した。

「母親から『高校には行った方がいい』と勧められたので行ったんですが、すぐにやめてしまいました。周りにも中退する子は多かったです。学校に行くよりも自分で働いてお金をつくって、お給料で欲しいものを買ったり遊んだりしたかったんです」

二〇一七（平成二九）年にS市が実施した「子ども・若者のいる世帯の生活状況等に関する

調査」によれば、世帯収入が貧困線未満の母子世帯では、母親の七・三%が中卒であり、大卒はわずか四・六%。生活の苦しい母子世帯で育った子どもが進学に対するイメージや意欲をうまく持てない背景には、こうした事情もある。

高校中退後、しのぶさんは一八歳までS市内にある居酒屋とアパレルショップでアルバイトをした。一八歳になってからは、実家を出てS市内で一人暮らしを始めた。

「母親との関係が悪くて。束縛されるのが嫌だったんです。ずっと家を出たいと思っていました」

一人暮らしを始めてから、しのぶさんは母親と同じく水商売の仕事をするようになった。

「S市の駅前や繁華街、B市、C市、F市……いろいろなお店で働きました。多い時は、週六で勤務していました。二〇時から二一時の間に出勤して、深夜二時まで。店は三時頃に閉店するので、出勤時間は五時間くらい。時給は平均二〇〇〇円ちょいなので、一回の出勤で一万円くらいもらえました。

そのお店は、個人個人の売り上げに応じて時給がアップする仕組みでした。あとは歩合。指名をいっぱい取れば取るほど、もらえるお金は増えました」

地域に広がるキャバクラネットワーク

S市の東西には、それぞれ人口約九万六〇〇〇人のB市とC市がある。また高速道路で三〇分程度の距離には、県庁所在地であるS市に次いで人口の多いF市（人口約二六万八〇〇〇人の中枢中核市）がある。

県内で営業している大手のキャバクラやデリヘルのグループはそれぞれの街に店舗を構えているため、在籍女性は自分の都合に合わせて、「今週はS市、来週はF市、再来週はC市」といった形で、好きな地域で働くことができる。地元では働きづらい事情がある女性、それぞれの地域で「最近入ったばかりの新人」として稼ぎたい女性にとっては有り難い仕組みだ。

しのぶさんも、S市だけでなくさまざまな地域の店で働く形を選んだ。しかし、一八歳という若さでキャバクラに週六出勤というのは、身体的にも精神的にもかなりのハードワークではないだろうか。

「お金のためって思ったり、仕事が終わって友達と遊ぶことを考えると、別に大変とは感じなかったです。

朝に仕事が終わって、家に帰って寝て、お昼に起きる。そして友達と遊びに行って、また夜は仕事……という生活でした。
仕事で稼いだお金の使い道は、家賃の他は友達と買い物や飲みに行ったり、県外に遊びに行ったりして使うことが多かったです」

キャバクラで得た高収入を活用して友人たちとの遊びに興じ、一人暮らしと自由を謳歌する日々。住まいは、時期に応じてアパートと実家の往復を繰り返していた。

二四歳で妊娠

こうした生活の中で瞬く間に時は過ぎ、しのぶさんは二四歳になっていた。高校や専門学校、大学を卒業していれば、既に社会人としてのスタートを切っている年齢だ。しのぶさんは学歴も職歴もないまま、一八歳の頃と同じようにS市の繁華街で働き続けていた。

そんな時、仕事関係の飲み会で三〇代半ばの男性と知り合った。彼の仕事はキャバクラのボーイだった。出会ってから数カ月後に交際を開始。その半年後に、妊娠が発覚した。

「妊娠したことは、相手の男性には言わなかったんです。自分で妊娠検査薬を使って検査して、病院にも行ったんですが、その後で彼に言うことが怖くなってしまって。

その前にも別の男性の子どもをおろしたことがあって。二四歳になって、またおろすのは申し訳ない、産みたいという思いがあったんです」

結局、しのぶさんは相手の男性に妊娠の事実を伝えることはできなかった。病院に行ってから数日経った時、しのぶさんの方から男性に別れを告げた。

突然の別れの言葉に、男性は何が起こったのか全く理解できない様子だったが、最終的には納得して別れてもらった。

第二章の由香子さんと同様、しのぶさんもまた妊娠が判明した時点で、父親である男性との関係を自ら断ち切ってしまっている。男女共に、妊娠判明による関係性の変化にうまく対応できていない現実が浮かび上がってくる。伝えること自体が困難であるし、伝えられた方が適切な対応をすることもまた困難だ。

妊娠が判明した時点で、しのぶさんはS市内で一人暮らしをしていた。母親とケンカをして、実家を出ていたのだ。

「母親には言いづらかった。お腹も大きくなってきたけど、誰にも言えない。どうしよう……と思いました」

病院には、妊娠が判明した後に一度だけ行った。

医師からは「妊娠しています。どうしますか。考えてください」と言われた。それ以降、病院には行かなかった。

妊娠した女性が行政の支援を受けるためには、診断を受けた医療機関で妊娠届出書をもらい、市役所の健康福祉課に届け出て、母子健康手帳をもらう必要がある。母子健康手帳があれば、妊婦検診や医療費助成を受けることができる。

しのぶさんは、妊娠したことを役所に届け出なかったため、母子健康手帳は交付されなかった。結果的に、妊婦検診を受けることもできなかった。

「ネウボラ」は絵に描いた餅?

S市では、「S市版ネウボラへの入り口」と称して、妊娠・出産・子育てに関する相談に対応する窓口を地域ごとに設けている。

「ネウボラ」とは、北欧のフィンランドにおいて、妊娠期から出産、子育て期の親子を、担当の保健師が切れ目なく支援する目的で、地方自治体が実施している長期的かつ総合的な支援制度を指す。

S市役所の窓口には、助産師などの専門職がマタニティナビゲーターとして配置され、医療機関や児童相談所、地域の保育園・幼稚園、民間のNPOなどと連携しながら、不妊相談会や各種検診、育児相談や産後ケアなど、さまざまな支援を行っている。

スマホで使える子育て応援アプリもリリースしており、妊婦向け情報や保育園の入園状況、乳幼児健診や予防接種のお知らせ、子育て関連施設マップなどの情報を配信している。

これだけ制度やサービスが充実しているにもかかわらず、しのぶさんはどの窓口や専門職ともつながることができなかった。なぜだろうか。

その理由の一つとして、行政のサービスが申請主義に基づいていることが挙げられる。つまり、自分で役所の窓口に行って申請しないと、必要なサービスを受けられないのだ。

話しづらい事情を抱えた女性、そもそも窓口の存在自体を知らない女性にとっては、どれだけ行政が支援制度を充実させたとしても、その恩恵を受けることはできない。

最も支援が必要な女性にリーチできない状態では、せっかくの「ネウボラ」も絵に描いた餅に終わる可能性が高い。

スマホで分娩《ぶんべん》の方法を調べて自宅出産

彼と別れ、家族とは疎遠になり、検診も受けていない。しのぶさんとお腹の赤ちゃんは、この時点で社会とのつながりをほとんど失ってしまったといえる。

困り果てた人が取る行動は、行政の相談窓口に駆け込むことでもなければ、なりふり構わず誰かに助けを求めることでもない。人間は、困れば困るほど、ただひたすら「今までと同じことをやり続ける」ようになる。

妊娠していることを誰にも言えないまま、しのぶさんは妊娠する前と全く同じように、キャバクラの仕事を続けた。

キャバクラをはじめ、夜業界の仕事には、そこで働く人の現在や過去を問わない文化がある。誰も気にしない代わりに、誰からも気にされずに済む。

誰にも言えない事情を抱えた女性、自分自身を客観視したくない事情がある女性にとって、よくも悪くも働きやすい環境だ。

妊娠九カ月を過ぎて、隠しきれないほどお腹が大きくなった頃、しのぶさんは店長から呼び出された。店長は、しのぶさんの身体を見て「お前、妊娠しているだろ」と言った。

「そのお店の店長には、とてもよくしてもらっていたんです。私の母親のことも知っている人でした。そこで妊娠していることを認めて、店長に相談すればよかったけど、結局言えなかった。太っただけです、と言い張りました」

妊娠していることに気づいて話しかけてくれた、そして助けの手を差し伸べてくれた唯一の相手とのコミュニケーションを自ら断ち切ってしまったしのぶさんは、誰にも言えないまま、最終的に自宅で、たった一人の状態で出産することになった。

出産当日も、いつも通りキャバクラで働いていた。仕事を終えて、重い身体をひきずりながら家に帰ってきて、ベッドに横になっていると、陣痛が始まった。

これまで経験したことのない激痛の中、しのぶさんが行ったことは、救急車を呼ぶことではなく、「スマホで分娩の方法を調べること」だった。

「分娩の知識は何もなかったので、昔観たテレビの映像を思い出して、スマホで調べました。血がたくさん出ると思ったので、ベッドにタオルを敷いてカバーしました」

妊婦検診を受けていない一〇代の女性が自宅やラブホテルで出産をする場合、YouTube などの動画投稿サイトで出産の映像を検索して、それを参考にしながら産むというケースはある。しのぶさんも、スマホを助産師代わりに活用して出産に臨んだ。

陣痛が始まってから二時間。しのぶさんはたった一人で、女の子を出産した。

「へその緒はハサミを使って自分で切りました。菌とか大丈夫かな……と思ったけど。生まれた赤ちゃんは、最初は全く泣かなかったんですが、背中をトントンしているうちに、やっと泣きました」

どうにか一人で出産を終えたが、目の前には生まれたばかりの新生児が手足を震わせて泣いている。部屋の中は血まみれだ。出産の痛みと疲労で、身体はほとんど動かせない。

これからどうすればいいのか分からない。警察に捕まってしまうのかもしれない。でも、怖くて誰にも相談できない……。

自宅から東京の支援団体にSOS

極度の不安と混乱の中で、しのぶさんは東京で妊娠相談を行っている支援団体にメールをした。

「スマホで検索していたら、その団体のホームページが出てきたんです。電話には抵抗があったので、相談員の方とはメールでずっとやりとりをしていました。

相談員の方からは『赤ちゃんがそのままだと、警察も動くし、大変なことになってしまうので、まずは住んでいるS市役所の人に連絡をしてほしい』と言われました。

また『一人で産んだ場合、誰も出産を証明してくれる人がいないので、胎盤を取っておいてください』とも言われました。

最初は胎盤って何か分からなかったけど、『これこれこういう感じのものだから、それだけは取っておいてね』と言われたので、タッパーに入れて冷蔵庫にしまっておきました」

S市から三〇〇キロ以上離れた東京の支援団体にメールで相談することで、しのぶさんはようやくS市の社会資源とつながることができた。

最終的に、支援団体の相談員がS市役所の担当課と連絡を取ってくれた。S市役所の職員がしのぶさんの自宅を訪れ、そのまますぐに病院に移動。母子共に検査を受けた。冷蔵庫に入れておいた胎盤も無事に渡すことができた。

「生後一四日以内に出生届を出さないといけなかったので、ギリギリでしたね。

病院に行ったら、母子共に健康と診断されました。医者の先生からは『奇跡ですよ』と言われましたが。若干早産だったかもしれませんが、赤ちゃんの体重は二八〇〇グラムでした。母子手帳もやっともらえました」

母子支援施設への入所と、母親との和解

S市の母子保健年報によると、S市内で平成二八年度に二〇歳未満で出産した母親は四八人。一五歳以上二〇歳未満の女性の人口に対する割合は〇・一八％で、全国平均（〇・四〇％）と比べると低い。

その中で、しのぶさんのように分娩後に妊娠届を提出した母親の数は七人。決して多い数ではないが、その一人一人が自宅やラブホテル、学校のトイレの中などで、しのぶさんと同じような、あるいはそれ以上の不安と孤独の中で出産せざるを得なかったと考えると、胸が痛い。

予期せぬ妊娠や未成年での妊娠、経済的な問題などから、出産後の子の養育について、出産前から公的な支援を必要とする妊婦を「特定妊婦」と呼ぶ。

S市のデリヘルの待機部屋で出会った女性の中にも、「母親は飛び込み出産だった」と語る女性がいた。飛び込み出産で誕生した子どもが、成人後に自らも飛び込み出産をする立場になる、という事例＝特定妊婦の世代間連鎖は、少ないながらも存在するのだろう。

産後の生活について、S市役所の職員と話し合った上で、しのぶさんはS市内にある母子支援施設に入るという選択をした。

「一人で育てるよりは施設に行きたいと思い、母子支援施設に行くことに決めました。住んでいたアパートの大家さんには、部屋の中で出産したことは何も言わずに撤収しました（笑）」

母子支援施設とは、母親が一人で子育てすることが困難な状況にある母子世帯の親子が入居できる施設である。就労指導・生活指導等を通して、母子の自立のための支援を行っている。S市内には二つの母子支援施設があり、平成二八年度の時点で二五世帯が入所している。

「施設はマンションみたいな感じで、二年くらいで出ないといけないというルールがあるそうです。そこには三～四カ月くらい、子どもと二人で入っていました。入所する際に生活保護を申請して、それを生活費に充てていました。

子どもを産んだことは、さすがに母親には言わないといけないと思って。まずはいとこと兄に相談して、それから父親に報告しました。

出産したことは、結局父が母に伝えてくれました。その後で、『お前からもお母さんに連絡しなさい』と言われました」

しのぶさんは、意を決して子どもが生まれたことを母親に報告した。その後、母親が施設を訪れ、久しぶりに親子の再会が実現した。

「お母さんも、子どもを抱っこしてくれて。おばあちゃんらしいことをしてくれて、嬉《うれ》しかったです。『子どもと一緒にうちに帰ってきなさい』と言われて、その後実家に戻りました」

産後八カ月で仕事に復帰

実家に戻った後、しのぶさんは育児に専念した。生活保護は、子どもが六カ月になった時点でやめた。八カ月で保育園に預けて、仕事に復帰した。

「母子家庭だったので、保育園にはすんなり入れました。仕事は水商売と清掃のパートのダブルワークです。清掃の仕事は、ハローワークとかではなく、自分で求人誌を探して見つけました」

S市は、生活保護や児童扶養手当を受けており、かつ就労による自立を考えている人向けに、市・県・ハローワークが協力して、就労支援と生活支援を同時に提供する施設を用意している。

S市で児童扶養手当を受給しているシングルマザーの女性には、毎年八月に現況届を提出する際に、役所の窓口等でこの施設に関するチラシが渡されることになっているのだが、しのぶさんはこの施設の存在自体を知らなかった。年一回のみの広報では、当事者に施設の存在を伝えることは難しいだろう。

「清掃の仕事は、月曜日から金曜日まで毎日、朝七時半〜九時半まで。職場はS駅前のビルで、箒《ほうき》やモップを使って一人で掃除しています。

その後、二〇時からはキャバクラ。週四〜五回の勤務で、二四時前には上がらせてもらっています。キャバクラにはシンママが多いので、お店の理解もあります。体調を崩した時や緊急の用事ができた時は休むことができる。お店からは『託児所を紹介できるけど、使わなくても大丈夫？』と言われます。指名の数はそこそこですね。

母も同じように夜の仕事をしているので、留守の間、子どもは祖母（七〇代前半）に見てもらっています。母も育児には協力的です。実家にいる分、困っていることはない。子どもがちゃんと育ってほしい、と思っています」

夜は子どものそばにいられる暮らしを

清掃とキャバクラのダブルワークによって得ている収入は、月額二十数万円程度。毎月三〜

五万を生活費として実家に入れて、児童扶養手当は全て貯金している。できればもっと稼ぎたいと考えているが、それでもキャバクラのお客と店外で会うようなことはしていない。

将来的には、夜の仕事ではなく昼間の仕事に就きたい。保育関係の仕事をしたいと考えていたが、しのぶさんの学歴は中卒であるため、保育士の受験資格がない。高校卒業の資格を取ることは諦めたという。

「保育の補助の仕事はあるんですが、夕方の時間帯しか仕事がなかったり、学歴でダメだったりして、なかなか見つかりません。今の清掃に加えて、もう一つ仕事を増やすか、あるいは九～一七時の仕事を探すか……。パソコンは全く使えないです。

水商売は、今年いっぱいか、一～二年以内にはやめたい。子どもが二歳になり、結構しゃべるようになってきたので、夜はちゃんとそばにいられる暮らしをしたい。

子どもが今の仕事の意味を分かる前にやめないと。自分もそうだったんですが、夜、母親がいないことが本当に嫌だった。自分の子どもには、そうした思いをさせたくない。育児の目標は、娘本人がやりたいように、元気に育ってくれることですね」

妊娠中に、こんな支援やサービスがあったらいいな、と思ったものはあるだろうか。

「もう少し、悩んでいる人のために分かりやすい情報があってもいいのかなと。ネットのホームページもそうですが、多分みんな分からないと思うんですよ。

同じ境遇にある女性へのメッセージとしては、一人で悩まないで、相談してもいい、と伝えたいです。私も助けてもらったので。相談するハードルは高かったけど、それさえ越えればすんなりいきます。

私の場合、出産前に働いていたお店の店長が男性だったんですが、お店のママや女の子同士だったら、相談する抵抗は減るかもしれません。更衣室とかに支援団体のポスターを貼っておくとか。女の子同士の横のつながりの中で情報が共有できればと思います」

地方の問題は、地方の社会資源だけでは解決できない

たった一人での自宅出産。一歩間違えれば母子共に命を落としかねない危険な状況に置かれたしのぶさんと子どもを救ったのは、スマホというテクノロジーと、S市から三〇〇キロ以上離れた東京の支援団体だった。

地方都市で孤立したシングルマザーを救ったのは、地元の自治体が提唱する「切れ目のない支援」でも「ネウボラ」でもなく、テクノロジーと非地元＝首都圏の社会資源だった、という

事実は非常に示唆的である。

地元の社会資源につながれずに孤立しているシングルマザーに必要な情報を届けるためには、地元以外の社会資源を活用すればいい。コロンブスの卵のような話だが、一つの真理であることは間違いない。

今後、地方都市で生きるシングルマザーの支援を考える上では、地元の社会資源や相談窓口の拡充を目指す「ローカルモデル」と並行して、当事者がテクノロジーを活用して首都圏をはじめとした全国の情報や社会資源とダイレクトにつながることで課題を解決する「非ローカルモデル」の在り方を考えていくことが必須になるだろう。

地元では稼げない・働きたくない女性たちをインターネットやスマホを介した求人で吸い寄せ、高単価の仕事と居場所を提供してきた風俗業界は、そうした「非ローカルモデル」の先駆けであるともいえる。

風俗で働くとまではいかなくても、アフィリエイト（ブログ等で商品を紹介することで得られる、成果報酬型のインターネット広告）やメルカリなどのフリマアプリでの転売、情報商材などで、全国（あるいは世界）を商圏にして小銭や生活費を稼いでいる在宅の主婦やシングルマザーは数えきれないほど存在している。

現行の福祉制度や生活困窮者支援は、あくまでも地元の制度や仕事を紹介する「ローカルモデル」に留まっている。しかし、地方都市が抱えている課題の多くは、地方都市単独では解決できないものばかりだ。

制度的・財政的・倫理的な課題は山積みだが、今後は「非ローカルモデル」をいかに支援の中に組み入れていくかが問われるようになるだろう。

ここまで、地方都市で生きるシングルマザーにとって、水商売や風俗が一つの社会資源として機能している様子、及び地元にある既存の社会資源に依存せずに生きるための代替手段となっている現実を描いてきた。

地元の血縁・地縁・社縁から排除されたシングルマザーたち、あるいは意図的にそうした縁から距離を置きたいと考えているシングルマザーたちが、テクノロジーを介して地元では得られない情報や社会資源とつながり、生活と生命の安定を保つ。

一方で、社会資源であるということは、その他の社会資源＝家族や会社と同じように、経済的かつ精神的な居場所となる反面、それを利用する上で一定の代償が発生することを意味する。血縁・地縁・社縁と同様に、夜の世界の縁＝「夜縁」も、決して万能でもなければ、理想的なものでもない。

次章では、「社会資源としての風俗」の問題点をあぶりだしていきたい。

第五章　彼女たちが「飛ぶ」理由

キャスト兼スタッフとして働くシングルマザー

「この前クラミジアになってしまって、『女の子出勤』ができなくなってしまったんですよ。お客さんから『お土産《みやげ》』をもらってしまった。自分があげてしまったかもしれませんが。でも、これは『現実から逃げるな』というお告げなのかもしれません」

そう語る小林玉美さんは二九歳。茶髪のロングヘアで、両手にはカラーストーンをちりばめたピンクのネイルが光っている。

玉美さんに出会ったのは、S市に本拠地を置くデリヘルグループの事務所だった。

事務所内ではいつも裸足《はだし》で、白いTシャツにクラッシュジーンズといったラフな格好で過ごしている。足の指にはオレンジ・白・黄色のペディキュア。「信号みたいですよね」と笑う。

玉美さんは現在、シングルマザーとして三人の子どもを育てている。長女は一四歳の中学二年生。四歳の次女は保育園に預けているが、長男はまだ六カ月なので、事務所に連れてきている。表情がとても豊かな男の子で、いつもニコニコ笑っている。ミニオンのキャラクターが入ったつなぎと、よだれかけがよく似合う。

玉美さんの働いているデリヘルの事務所は、すぐ隣の建物に自前のキッズルームを併設しており、女性たちはそこに子どもを預けながら働いている。キッズルームの様子は、事務所のパソコンのモニターで常時チェックすることができる。

玉美さんは、この店でキャスト（男性客に性的サービスを行う女性）兼内勤スタッフとして働いている。スタッフとして事務所のデスクに座り、長男を片手で抱えながらキーボードを打ったり、お客からの電話に出たりすることもある。キャストとして出勤することは「女の子出勤」と呼んでいる。

仕事の合間、事務所の待機スペースで長男に哺乳瓶でミルクを与えながら、玉美さんはこれまでの生い立ちや現状を語ってくれた。

結婚と離婚を繰り返す母親

玉美さんの出身地は、S市から車で三〇分ほどの田舎町である。当時は町だったが、二〇〇〇年代の平成の大合併によりS市と合併した。

玉美さんは、母親が一九歳の時の子どもである。母親の職業はスナックのホステス。パートで保険会社の仕事をしていたこともあったようだ。

一歳の時に両親が離婚したため、玉美さんは母親と一緒に、S市の西隣にあるC市（人口約九万六〇〇〇人）に引っ越した。

玉美さんが五歳の頃、母親が再婚。妹が生まれる。新しい父親、そして生まれたばかりの妹と新しい家族を営むことになったわけだが、玉美さんは「この時期は、いい思い出がないんですよね」と言葉を濁した。

間もなく、母親が一時的に北海道に引っ越す。玉美さんも保育園の年長から小一の一学期まで北海道で過ごした。

「小学校の入学式は北海道だったんですよ。お母さん、その頃誰にも会いたくなくなって、誰も知らないところに行こう！　と思ったみたいです」

かなり感情の揺れ動きの激しい母親だったようだ。夜の仕事をしているため、まだ幼い玉美さんと妹を家に置いたまま働きに出たり、飲みに行ったりすることは日常茶飯事だった。

ある日の夜、妹がどうしても泣き止まなかったため、玉美さんは母親の勤めているスナックに電話をした。すると電話に出た母親から、「お店に電話するな」と怒られた。

しばらくすると、母親が家に帰ってきた。帰ってきたかと思うと、妹だけを抱きかかえて、玉美さんを家に残したまま、再び店に出勤していった。毎日がこうしたことの繰り返しだった。

「お母さんは、自分さえよければそれでいい、という人。いつも誰かに頼って生きている人でした。次々にダメな男にひっかかるので、この人、マジで男運ないな……と思っていました。男性依存症なのかもしれません」

母親に全く頼れない状況の中、玉美さんは「自分が妹の面倒を見なければ」と常に気を張っていた。自分のことよりも、周りのことを最優先に考えて生きてきた。

「ただ、当時のことをお母さんに謝ってほしいとは思わない。むしろ感謝しています。お母さんが家のことを何もしないので、家事の全てを自分でやらないといけなかった。それがあったからこそ、現在家事や育児で苦労していないのだと思います」

二人目の父親が仕事中の事故で亡くなり、再びひとり親家庭になった。母親は相変わらず家事も育児も満足にやらず、玉美さんはネグレクト（養育放棄）の状態に置かれ続けた。

それでも二人目の父の遺族年金と母子手当、そして祖父母や母親のきょうだいによるサポートがあったため、なんとか生活をやりくりすることができた。

高校一年の夏に妊娠・出産

家庭環境の影響もあり、中学時代の玉美さんは荒れていた。母親が学校に呼び出されたり、警察のお世話になったりすることが日常的だった。家庭のストレスを学校で発散していたのかもしれない。身体の関係はなかったものの、一時期は七人の男性と同時に付き合っていた。

高校はC市にある県立高校に進学。偏差値は三〇台で、いわゆる底辺校と呼ばれる高校だった。入学の時点で四〇人いたクラスメートが、中退や退学によって三カ月後の夏休みには半分になるような学校だったが、玉美さんもその半分の中に入ることになった。

一年生の夏休み、妊娠が発覚。着床出血で気づいた。相手はS市の私立進学校に通う一六歳の男子高校生だった。真面目な性格の彼は、「自分が学校をやめて働く」と言ってくれたが、一六歳では働き口はないし、そもそも一五歳の玉美さんと一六歳の彼とでは結婚できない。

彼の親に会いに行くと、当然のように「おろしてください」と言われた。しかし玉美さん自身は、妊娠したことが分かって以降、「産む」という選択肢しか考えていなかった。彼の親とは、それ以来一切会っていない。

その時点で、自分の母親には妊娠したことも産む決意をしたことも全く伝えていなかった。いつ、どうやって告白すればいいのか、タイミングが分からなかった。

そのタイミングは、日常の何気ない瞬間に訪れた。妊娠三カ月目になって、たまたま母親と二人でコンビニに行った際、レジの順番を待っている時に「実は妊娠している」と告げた。突然の告白に呆気《あっけ》に取られている母親に対して、玉美さんは「しっかり産んで、育てていきたい」と決意を告げた。

そうした玉美さんの決意は、母親にとって全くの想定外だったようだ。母親は、玉美さんは当然中絶するものだと思い込んでいた。

「その時の母は、いかにして私に産むことを諦めさせるか、というミッションに必死で取り組む『交渉人　真下正義』状態でしたね（笑）。

でも最後は結局お母さんが折れて、『そこまで言うなら、頑張ってみなさい』と言ってくれた。出産費用も全部母が出してくれました。病院にも行って、妊婦検診も受けました」

妊娠前からコンビニでバイトをしていたが、生まれてくる子どもの養育費を稼ぎたかったので、妊娠発覚後もつわりがひどくなるまで早朝と夕方の時間帯で働き続けた。

妊娠中も、彼とは引き続き連絡を取っていた。ちなみにその彼は、学校を卒業して社会人になった後、毎月子どもの養育費を支払ってくれるようになった。支払いは長女が一四歳になった現在も続いている。

一八歳でひとり親としての生活スタート

玉美さんは一六歳で長女を出産。未婚の母親になった。

二〇一七（平成二九）年にS市が実施した「子ども・若者のいる世帯の生活状況等に関する調査」によれば、母子世帯の母親の約七％が一〇代で親になっている。

「子どもができたことで、ようやく生活が落ち着いたと感じました。でも一人目の育児は大変だった。『これは病院連れて行った方がいいのか？』とか、悩みましたね」

長女の誕生から二年ほどは、自宅で母親と妹の四人で暮らしていた。当初は玉美さんが働きながら育児をする予定だったが、最終的に母親が働きに出て、家事・育児は玉美さんが全部やる、という分担になった。

一八歳の時に転機が来る。ある事情で、母親と妹が家を出て行ったため、玉美さんと長女の二人だけで暮らすことになった。玉美さんが働かないと生活が成り立たないため、子どもを保育園に入れて、働きに出ることにした。

「私が稼がないと、この子が飢え死にする！　と思いましたね」

学歴が高校中退＝中卒の女性にとって、安定した正社員の仕事を探すことは容易ではない。アルバイトとして接客業、小売業、飲食店、ガソリンスタンドなど、さまざまな仕事をこなしたが、いずれも思うようには稼げない。

短時間で高収入を得られる仕事を探す中で、最終的に母親と同じ水商売の仕事をすることになった。母親は再婚するタイミングでスナックの仕事をやめることにしたが、その際に「人手が足りなくなるから、私の代わりに今の店に入って」と勧められて、母親の代わりのホステスとして入店することになった。

それと同じタイミングで、コンパニオンの仕事にも登録した。きっかけは、友人の紹介。第二章でも紹介したが、S市において、コンパニオンの仕事は、若い女性が選ぶことのできる単価の高い仕事の代表格である。業者のホームページには、「高収入・日払い・ノルマなし」といった景気のよい言葉が躍っている。「短い時間で稼げるよ」という友人の紹介を受けて、安易な気持ちで登録する女性も多い。

しかし、そのコンパニオンの仕事を始めた初日、思わぬ悲劇が玉美さんを襲った。

最初の仕事で性暴力被害に

初めての仕事は、県外から来た団体客の宴会場への派遣だった。新規の団体客ということで、玉美さん一人ではなく、数名の女性でチームをつくって宴会の接待を行った。

会場での一次会が終わり、「二次会で宅飲みしよう」ということになって、車で山奥のペンションに向かうことになった。玉美さんたちコンパニオンも、事務所のドライバーの車に乗って移動した。

最初はロビーに全員が集まって飲んでいたが、途中で一人の男性から「部屋で飲もうよ」と言い寄られた。玉美さんは断ったが、強引に部屋に連れ込まれて、ドアに鍵をかけられた。そのままベッドに押し倒された。

「レイプされている時って、本当に無になるんだ……と思いました。早く終わってくれればいいのに、と思いながら部屋の天井を見つめていました」

男性が一方的に果てた後、玉美さんは泣きながら部屋を飛び出した。初めての仕事だったので、これがコンパニオンとして普通のことなのか、そうでないのか、それすらも分からなかった。

　他の女性たちはまだロビーで接客していたが、玉美さんは宴会の席には戻らず、ペンションの外で待機していた事務所のドライバーの車に駆け込んだ。

　話を聞いたドライバーは、警察には通報しなかった。その代わり、その場で団体客の責任者に電話して、加害者である男性を宴会の席で玉美さんに近づけないように、と注意した。

　車内で散々泣きはらした後、玉美さんは化粧を直して宴会に戻った。加害者の男性の席には近づかないようにしたが、みんなが飲んで酔っている状態では、全く意味がなかった。

　なんとか宴会終了まで耐え抜いたが、帰りの車内では被害に遭った時のことを思い出して、嘔吐《おうと》が止まらなかった。

デリヘルの仕事を始める

　初回の仕事で性暴力被害に遭ったにもかかわらず、玉美さんはコンパニオンの仕事をやめなかった。

「在籍していたコンパニオンの事務所はデリヘルも経営していたので、事務所のスタッフからは『デリヘルでも働かないか』とずっと誘ってもらってはいたけど、密室で男性と二人きりの状態になることが精神的に無理だったので、断っていたんです」

そうした理由があるにもかかわらず、玉美さんは二二歳の時にデリヘルの仕事を始めた。

「始めた理由は、記憶にないいんですよね……。お金に困っていたわけでもなかった。そもそも男性が嫌いだったので。一人目を妊娠した後は、さらに男嫌いが加速しました。男性がそばにいるだけで、つわりがひどくなる。コンパは男性と一対一ではないのでまだ大丈夫なんですが、デリは完全に一対一になるので、これは無理だなと。

コンパの仕事だけでも月に三〇～四〇万は稼がせてもらっていて、昼職の収入も一〇万はあったので、お金には全く困っていなかった。なぜ始めたのか、自分でも分からないです。

デリヘルを始めても、収入はそれほど変わりませんでした」

二人目を妊娠

デリヘルの仕事を始めた後、二三歳の時に二人目の子どもを妊娠した。

相手の男性は昼間の職場の上司で、年上の既婚者だった。交際を開始する前に一度身体の関係になり、交際を開始してからもう一度関係を持った後に、妊娠が発覚。

「ノーヘル（コンドームなし）・外出し（膣外射精《ちつがいしゃせい》）だったんですが、たった二回で妊娠しましたね。子どもができやすい体質なのかもしれません」と玉美さんは語る。

妊娠が発覚した時点で、相手の男性との関係は途切れた。

「妊娠すると、もう男の人とそういうことはしたくなくなるんですよ。相手の男性に対して、特に恨みはありません。この子を授けてくれたし……という思いがあるので」

一人目に引き続き、二人目も未婚の状態で出産することになった。しかし、今回は相手の男性が既婚者ということもあり、玉美さん一人だけの問題では済まなかった。

臨月に入った時、玉美さんの携帯に見知らぬ電話番号からの着信があった。発信元は、相手の男性の妻だった。

妻との話し合いで、子どもの出産後にDNA鑑定を行って、相手の男性の子どもであるということを正式に確認する、ということに合意した。結果的に「認知はしない」「養育費も支払わない」という形で話し合いがまとまった。

「子どもの養育費については、こちらも特に求めていなかったし、向こうも払う気はなかったので」

不倫の慰謝料として当初三〇〇万円を請求されたが、最終的には三六万円に減額してもらった。二年間の分割払いで全額支払った。

「同じように不倫の慰謝料を支払った経験のある事務所のスタッフからは、『よくあることだよ』と励ましてもらいました（笑）」

三人目を妊娠

三人目の妊娠が分かったのは、二八歳の時。相手の男性は居酒屋の店員。玉美さんがその店に飲みに行った時に出会い、交際関係にあった。

三人目に関しては、産むかどうか迷った。そんな時、相手の男性が妊娠前に玉美さん以外の別の女性とも付き合っていたことが分かった。さらに、その女性にも妊娠・中絶させていたことが発覚。妊娠中期の中絶になり、女性にも大きな負担がかかったという。

「一度他の女性に中絶をさせたばかりなので、もう親に言えない。頼むからおろしてほしい。産まないでほしい」と懇願された。

「でも産むのは私だし、お前には関係ないわと言って、そのまま別れました」

話を聞くと相手の男性が一方的に悪いようにも思えるが、玉美さん自身も同時期に他の男性と同棲《どうせい》していた。

その男性とは次女の妊娠が発覚した当時から三年以上同棲を続けており、子どもたちとも仲がよかった。性生活はほとんどない状態だったため、妊娠が発覚した時は「誰の子どもなんだ」とかなり揉《も》めた。

男性から「お腹の子どもも含めて自分が育てるから、結婚しよう」と迫られたが、その男性には生活力がなく、玉美さんの稼ぎに依存して生活しているような状態だったため、面倒臭いので別れることにした。

結果的に、これまでと同じように三人目も未婚の状態で、かつ父親である男性の物理的・経済的サポートの全くない状態で産むことになった。

玉美さんにとって問題になったのは、出産よりも仕事のことだった。コンパニオンの頃から働いている今のデリヘルのお店が好きで、離れたくなかった。産休や育休を取ってお店を離れてしまったら、そのまま置いて行かれてしまうような気がした。

そんな時、お店のオーナーから、「妊娠・出産しても働ける、というモデルケースがあれば、他の女性への励ましになるので頑張ってほしい」と激励された。オーナーのその一言で、玉美さんは働きながら出産することを決意した。

「頑張りたい、と思いました」

妊娠期間中は、キャストよりも電話の受付やホームページの更新、女性の送迎等のスタッフ業務をメインにこなした。

出産前日も、女性を送迎するドライバーとして車を運転していた。運転中に前駆陣痛を感じて、「これからちょっと産んできます〜」とお店に連絡。病院に向かった。

「三人目なので、余裕でしたね」

入院後、眠気に襲われてそのままベッドで入眠。起きてすぐに、看護師から「子宮口が八センチ開いてますよ」と言われて、分娩開始。わずか一五分の超安産だった。

「出産の際に会陰が切れてしまい、地獄のような痛みを味わいました！　でも看護師さんからは『第三子から人口増加に貢献できるわよ』と褒められて、嬉しかったです」

未婚出産の煩わしさ

三人続けて未婚での出産を経験した玉美さん。出生届を提出する際には、かなり手間がかかったという。

「未婚での出産は、出生届がメッチャ面倒なんですよ！　窓口では、父親である男性について、どういう人なのか、同居しているのか否か、個人情報を根掘り葉掘り聞かれました。二人目、三人目になるとなおさらですね。産婦人科に行ってからも、全く同じことを聞かれました。全部答えましたが」

未婚で出産した女性に対しては、行政としては母子手当等の不正受給の防止、あるいは虐待の発生を未然に防ぐために、これまでの経緯や現状を把握しておく必要がある。根掘り葉掘り聞かざるを得ないのだろう。

「でも、未婚か否かにかかわらず、育児の大変さはみんなと同じだと思います」と玉美さんは主張する。

「結婚していないからとか、母子家庭だからとかということはあまり関係がない。仮に結婚して旦那さんがいたとしても、子どもが泣き止まない、夕飯をつくる時とかに旦那が何も面倒を見てくれない、となると、結局自分が子どもを見ながらご飯をつくることになる。そうなったら、倍イライラしますよね。でも母子家庭であれば、元々旦那はいないから、イライラしない。期待する相手、求める相手がそもそもいないので。

また子どもが風邪をひいた場合、働いている女性だったらなかなか預け先がない。親に預けられる人はいいけど、旦那が仕事に行けば、結局自分が休まないとダメになる。多分そういう悩みはみんな一緒のはず。文句を言う相手がいるかいないかの差かな、と思います」

男性に多くを期待しない玉美さん。その一方で、結婚願望は少なからずあるという。

「いずれは結婚したい、という気持ちはあります。ただ、するとしても子どもが成人してからですね。今長女は中学生なので、新しいパパを連れてきたらうまくいかないはず。

理想の相手は、私を自由にしてくれる人ですね。誰かに行動を制限されるのがすごく嫌なので。例えば、今の風俗の仕事に偏見がある男性から『やめてほしい』と言われるのは嫌。お互いに自由な感じがいい。べったりの関係は疲れる。育児とかの問題でも、誰かからああだこうだと言われたくない。サバサバした人間なんでしょうね。

母子家庭になったのも自分が選んだ道だし、そこに対して悩んでいても仕方がない。ある程度覚悟を決めていないと。誰かのせいにできないし、してもイライラするだけ。そんな時は相手に求めすぎだなと思って、目の前のことをコツコツやるしかない」

保育園とキッズスペース

玉美さんの次女は現在保育園の年中組。平日の日中、子どもはC市のこども園に預けている。夜二〇時まで年中無休で預かってくれ、夕飯も食べさせてくれる。夜の仕事をしている女性にとっては、非常に助かるこども園だ。

保育園が休みの時には、お店の隣に併設されているキッズスペースを利用する時もある。キッズスペースの運営時間は、朝一〇時から夜一九時まで。専属のベビーシッターや保育士がいるわけではないが、生理中で休んでいるキャストや出勤前のコンパニオン、スタッフが交代で見てくれる。ミルクやオムツ交換も協力してこなしてくれる。

保育園が休みになる週末は子どもの数も増えて、六〜七人集まることもある。

「最近、私も溶連菌を子どもからうつされました。ヒトメタニューモウィルスがC市の近くで流行っているみたいです。聞いたことない名前のウィルスなので、怖いですよね。女の子は身体が丈夫だけど、男の子はそうでもないので、少し不安です。

うちの息子はおちんちんが小さい。お菓子で例えると、たけのこの里くらい。寒い時はチョコのアポロみたいになる（笑）。将来は大きさでなくて、テクニックでカバーしてほしい！」

男性観と再婚について

三番目の子どもが生まれる前、一四歳の長女から「ママ、結婚していいんだよ」と言われたという。

「でも、今は彼氏も別に欲しいと思わないんですよ。彼氏に費やす時間が無駄だと思ってしまう。外に出ている時は仕事が軸、家に帰れば子どもが軸。自分の時間がない。そこに彼氏の時間が入ってくると、さらに自分の時間がなくなってしまう。それが嫌で。

ただ自分の時間が欲しいと思う反面、相手に振り回されるのも嫌いじゃないんですよね。一緒にいるとホッとする関係の男性と付き合っていたこともありましたが、結局つまらなくなって別れてしまったことがあります。

仮にこの人と結婚したら、母子手当は出なくなる。医療費も上がってしまうので、結局損をするだけじゃないのかと思ってしまうんです」

確かに、男性と結婚することによって、これまで利用できていた制度が利用できなくなる、というデメリットはある。稼ぎの少ない男性、生活力のない男性と結婚することになれば、逆に生活水準は下がってしまう。

地方都市において「実家」と「風俗」という社会資源を活用しながら生活しているシングルマザーにとって、再婚によって得られるメリットは意外と少ないのかもしれない。

これからのプランと迷い

今後のキャリアプランについては迷っている最中だという。

「ここのグループには本当にお世話になったので、貢献していきたい。ただ、今の立場で働かせてもらっていると、『このままでいいのかな』と感じることが多くあります。

子どもに手がかかってしまい、思うように動けていない。動けるための環境づくりができていない自分が悪いんですが、やりたいことやるべきことではなく、自分ができることだけをしている。楽な道に逃げている気がして。

スタッフとしてではなく、女の子として出勤している方が、何も考えなくていい。次にそのお客さんに入る女の子のために情報収集をすることもあるけど、果たしてそれは誰目線でやっているんだろうか。お店のためになっているのかな、と。

できることなら、ここでオーナーやみんなと一緒に仕事がしたいし、もっと恩返しがしたい。でも、今はかなり自信をなくしています」

働くことに自信をなくしてしまった理由はあるのだろうか。

「特にきっかけはなくて、日々の業務の中でそう感じるようになった。『女の子とのコミュニケーションが一番の業務だよ』と言われている中で、本当のやるべき業務をしないで、電話対応やドライバーといった楽な業務に逃げている。管理する立場ではなく、一プレイヤーとして仕事をすることで『仕事をやっている感』を得ているから、自分が何もできていないことに気がついて、どんどん自信がなくなってきちゃって。

自分の中で『このお店を将来的にこうしたい』というビジョンがあるのに、そのためにどうすればいいのかという課題を見つけられていない。女の子とお客様とのコミュニケーションが取れていない。現場の不平不満を拾ってあげられない。悪循環です。

改善できる部分を自分で把握できていない。そのことを自分の中でごまかしている。目の前の業務をこなすことに逃げている。自分のやっていることが、お店のためなのか、女の子のためなのか、お店のコンセプトに合っているのか、今後はどうしていくべきなのか。そういったことが見えていないんです」

そういった悩みは玉美さん個人の自己評価に基づくものだと思われるが、お店のスタッフやキャストからの玉美さんの評価はどうなのだろうか。

「自分の心がどういう状況なのか、それすらもみんなに話せていない。自分の口から話せれば違う意見ももらえるはずだけど、自分が自分の気持ちを無視し続けているからこそ、話すことができずに、現状になっている。周りのみんな、そして自分と向き合うための場面や時間をつくれていないんです。

でも何があれば向き合えるか……分からない。自分がここにいて、誰かのためになれるのかなど迷っています。

子どもを理由にするのは言い訳。免罪符にはしていない。本当に向き合わなきゃ、と心から思えていないからなのかもしれません」

一度逃げ出した過去

実は、玉美さんは二年前にも同じような精神状態に追い込まれて、全ての仕事を放り出して逃げたことがあったという。

コンパニオンの管理をしていたが、年末年始は宴会のない日の方が少なく、月二八日は出勤していた。女の子の稼働人数も多く、管理が大変だった。女の子たちがインフルエンザで一気に欠席してしまい、お客様に平謝りしなければならない時もあった。

そんな最中に、他の店から「女の子をとった」「とられた」という言いがかりをつけられて、トラブルが倍増。

睡眠時間が三〜四時間の日々が続く中、保育園や学校の参観・行事も重なる。目の前のことをこなすだけで精一杯。そんな毎日を繰り返していたら、全てが人のせいだと思うようになってしまった。

「当時も、状況的には今と全く同じでした。このお店に私がいる意味ってあるのかな……と、自分自身に自分目線で迷ってしまった。迷っていることを誰にも言えなかった。誰も私の気持ちを分かってくれない、と思い込んでしまった。

そうした中で急にお店が嫌いになって、行きたくなくなってしまった。自分自身が一番の敵なのに、周りがみんな敵に見えちゃって」

玉美さんは「やめます」の一言だけを伝えて、次の日から出勤をやめた。その後、一カ月間は誰とも連絡を取らなかった。外出は保育園の送迎とスーパーでの買い物のみ。外に出かける気にもならなかった。

「LINEは全部既読スルー、電話はフルシカト。スマホが鳴ったら、ひっくり返して見ないようにして、着信音が鳴り止むまでカバンの中に入れたり。

それでも何人かの女の子たちは、諦めずに連絡をしてくれました。『玉美さんがいないと、私たち何もできないですよ』と連絡をくれたり。お店でも『大丈夫だよ、玉美さんきっと帰ってくるから』と信じて声をかけ続けてくれた。

でもその時の私は、『もうやめたのに、今さら何？』という感じでした。『私がいなくなっても変わらないよ』『私は何も悪くないのに』『あの時話を聞いてくれなかったじゃん』と、全部人のせいにして逃げていたんです」

それでも、結果的に玉美さんはお店に戻った。戻ったきっかけは、女の子たちが声をかけ続けてくれたことだった。

「自分が抜けている時に、お店ではみんながメッチャ必死に頑張ってくれていて。最初は相手のせいにしていたけれど、結局は素直に自分のせいだと思えたので。戻れたのも、仲間が信じて待っていてくれたから。心意気、ですね。他の店だったら無理だった。ポジションはどこであろうと頑張りたい。『もう一度、ここでみんなと一緒に働かせてもらいたいです』と言って戻りました」

過労と貧困

玉美さんは、人に頼ることがとても苦手だという。

「これまで誰にも頼らずに生きてきたので、頼り方が下手くそなんです。困った時に、どの辺りのラインで頼ればいいのか、どうすれば頼られた側の負担にならないのか。そうしたボーダーラインがよく分からない」

お店にとって自分がどういう存在なのか、重荷になっていないかが気になる。自分がいるせいで、新しい芽が出てこなくなるのかもしれないと悩む時もある。

「みんなにはもっと稼いでもらいたい。そういう場所であってほしい。でも私がこのままじゃ、誰のためにもならないなと。そうしたことを、女の子に話す機会はあまりないんです。女の子たちにも家庭があって子どももいるので、なかなか時間をつくれない。

コンパニオンの子たちを車で宴会場に送る間に話せるのかもしれませんが、宴会前に私のネガティブな話を聞かせて、仕事へのモチベーションを下げてしまうわけにもいかず。

私が女の子たちに気を遣っているからこそ、女の子たちも私に気を遣っているのかなと。ここまでは話せるけど、ここまでは話せない、という線引きをしているのは、本当は私自身なんだろうなと思います。

ただ女の子たちを回せばお金がもらえる、という仕事にはしたくない。どの女の子たちも頑張ってくれているので、頭の中で思っているだけではなく、こちらが行動して応えてあげないと。でも私は、自分にはメッチャ甘い。すぐに何もしたくなくなる。でも今のお店にいなかったら、こんなふうには思えていなかった。あれが嫌だ、これが嫌だ、と人のせいにしたり、自分の環境を不幸に思っているだけの人間だったと思います。基本ネガティブなので」

幼少期の虐待体験

玉美さんは、幼少期に義父や母親の恋人から虐待を受けていたという。

「最近、虐待されて亡くなった五歳の女の子の事件が報道されていますけど、うちもまさにあのような感じでした。

ご飯は私一人だけ別な部屋で食べさせられて。出かける時も、妹は連れて行くけれども、私は置いて行かれる。つらいことが多すぎて、記憶にない。

二番目の父親からは、性的な虐待も受けていました。母親に言ったら『お前が言い寄ったんでしょ』とシカトされて……」

話しながら、玉美さんは声を詰まらせた。

「母親の別れた相手がストーカー化して、昼夜関係なくピンポンを連打したり、窓ガラスが割られたりしました。朝起きると、畳に包丁が刺さっていたこともありました。警察に相談しても動いてくれないし……。

その後に母親が付き合った男性からも、虐待を受けました。ご飯を食べさせてもらえないとかは普通で。風呂のお湯に顔をつけられたり、次の日に学校があるのに、夜中の二時まで正座させられたり、雪の中に放り出されたり。全身あざだらけでした。

一五歳の時に妊娠が発覚するまでは、『こいつを殺すか、自分が死ぬか』という感じで、メチャクチャ荒れていた。母親も止めには入ったけど、逆に殴られる。二人共青あざだらけで、家の中はバトルロワイヤル状態。

役所や児相にはつながっていなかった。相談しても解決してくれないだろう、って思っていました。誰も助けてくれない。だからこそ、全部人のせいにしていた」

そうした状況下で、人のせいにすることは、決して間違いではないだろう。

子どもには同じ経験をさせたくない

子どもの頃にそうしたつらい経験をした玉美さんは、自分の子には同じ経験をさせないようにしたい、と強く思っている。

「子どもたちがいてくれたからこそ、生きている意味がある。守るものがあるからこそ、頑張れる。

大変なことも過去にはあったけど、私なんかのところに生まれてきてくれて嬉しい。普通の家庭と変わらないように、しっかり育ててあげたい。長女は思春期なので、もし私に彼氏ができて家に連れてきたりしたら、本当に男が嫌いになってしまうと思います。

母親は、私のことをただ結婚する気がないだけだと思っている。でも昔のことを今さらあれこれ言ったところで、今の自分の心境が変わるわけではないし。母親に罪悪感を与えたくない、という気持ちもあります」

玉美さんは、これまでの経験から男性の存在自体を大きなリスクとして感じており、子どもたちを男性に近づけない＝シングルマザーであり続けることで、子どもたちの安全を守ろうとしているのかもしれない。

その一方で、自分自身は心身共に最も男性に近づかなければならないデリヘルという仕事で、悩みながら働き続けているというジレンマ。


「子どもがいなかったら、S市にはいないです。東京に出て荒稼ぎしているかも。そんな私でも働かせてくれる、見捨てずにいさせてくれるお店の仲間には、本当に感謝しています。私のような思いをする子はきっとこれからも出てくるので、そういう子の力になれれば。女の子だから、いつ妊娠するか分からないし。何かを選ばなきゃいけなくなった時に力になってあげたい。一人で抱え込んでほしくない。

私自身が現在そうなっているので偉そうなことは言えないんですが、悩まなければならないことがあったとしても、深く悩まないでほしいなと思います」

彼女たちが「飛ぶ」理由

夜の世界では、「飛ぶ」という業界用語がある。ある日突然、音信不通になって店からいなくなる、という意味だ。

玉美さんも一度店を飛んでいるが、デリヘルの世界では、店長・スタッフ・キャスト、いずれの立場にある人でも、ある日突然、なんの前触れもなく「飛ぶ」ことがある。

彼らが「飛ぶ」理由は、大きく分けて二つある。一つ目の理由は「労働環境の悪さ」だ。深夜から早朝までの長時間労働による心身の疲弊、「稼げないのは自分が悪い」といった自己責任論の内面化によって体力的・精神的に追い詰められ、ある日突然音信不通になってしまう人は少なくない。

二つ目の理由は、一つ目とは全く逆の理由＝「労働環境のよさ」である。

「メンヘラは幸福にも不幸にも耐えられない」という格言がある。心の病を抱えている人の場合、働きやすい職場、努力が報われる環境、居心地のよい空間であればあるほど、「自分のような人間はこの場所にいる資格はない」と勝手に思い込んで、自ら問題を起こしたり、人間関係を壊すような振る舞いをしたり、突然無断でやめてしまうケースもある。

居心地のよい店に入って生活や住まいの不安が解消された途端、過去に受けた虐待や性暴力被害の記憶がフラッシュバックするようになってしまうこともある。

これまでに経験したことのないような幸せ＝風俗店における疑似家族的なコミュニティの温かさに耐えられない。精神的・経済的に安定すればするほど、その安定に耐えられなくなり、自らの手で全てを壊してしまう、というジレンマ。

過去の性的虐待や性暴力被害体験によって、男性に対する根深い恐怖心や憎悪を抱いているにもかかわらず、プライベートでも仕事でも男性に依存しなくては生きていけない、というジレンマ。

子ども時代に母親から受けた仕打ちを、自分の子どもにだけはしたくない、と思いつつ、結局母親と同じことを繰り返してしまう、というジレンマ。

彼女たちが「飛ぶ」背景には、こうしたジレンマが幾重にも絡み合っていることが少なくない。

地方都市のシングルマザーにとって、デリヘルはよくも悪くも強力な社会資源であるが、それだけで全ての問題を解決することはできない。家族や企業、行政やＮＰＯといった他の社会資源と同様にさまざまな限界と課題、そしてジレンマに満ちた存在である。

だとすれば、私たちの社会に必要なのは、風俗を敵扱いすることでもなければ、「貧困女子のセーフティネット」と安易にもてはやすことでもない。

社会資源としての風俗を、他の社会資源と組み合わせた上で、個々の社会資源が内包するジレンマをなるべく抑えながら、当事者の生活を安定させるための最適解を考えていく必要がある。彼女たちが風俗だけでなく、この社会そのものから「飛ぶ」ことを防ぐためにも。

次章からは、これまでの事例を基にして、地方都市の風俗店で働くシングルマザーが子どもとの生活を安定させるための、そして次世代への貧困の連鎖を断つための最適解を構想していきたい。

第六章　「シングルマザー風俗嬢予備軍」への支援

「シングルマザー風俗嬢予備軍」の少女たち

第五章の玉美さんのように、地方都市の風俗店で働くシングルマザーのライフヒストリーを聞き取っていくと、幼少期に親や義父母との関係で問題を抱えていた女性が少なくない。

両親の離婚、家庭内での親との関係悪化、実母や義父からの虐待やネグレクト、望まない妊娠などを理由に家出をして、水商売や風俗の世界に流れていく一〇代の少女は、S市でも一定数存在する。

中にはツイッターや出会い系アプリを活用して、身体の関係と引き換えに、宿泊先の提供と経済的援助をしてくれる相手を探す少女たちもいる。

最も多感な時期に、劣悪な家庭環境、経済的貧困、偏った人間関係の中で生活することを強いられた彼女たちの多くは、安全な居場所と安定した仕事や住まいを得られないまま妊娠・出産し、極めて不安定な精神状態と経済状態の中で子育てをしていくことになる。言い換えれば、「シングルマザー風俗嬢予備軍」だ。

彼女たちに対して適切なタイミングで適切な支援を届けることができれば、次世代への貧困の連鎖を断ち切るための契機になる。だからこそ、未来への投資として、子どもの支援に関する人手や予算をもっと手厚くするべきだ。

こうした主張は、これまでも多くの研究者や支援団体によってなされてきた。

一方で、現行の児童福祉制度は、主に低年齢の子どもへの支援が中心になっており、一五歳以上の子どもの支援体制はまだまだ弱い。

虐待や貧困、性被害や精神疾患など、複合的な困難を抱えた一五歳以上の子どもが利用可能な公的制度や社会資源は、地方都市においては極端に不足しているのが現状だ。

地方都市にも広がる「子どもシェルター」という居場所

「家庭内で虐待を受けた」

「帰る場所が見つからず、このままだと少年院に行かざるを得ない」

「交際相手から暴力を受けた」

「若年で妊娠して家を飛び出した」

「施設を退所した後、自立に失敗してしまい施設に帰ることもできない」

「今晩安心して泊まる場所がない」

こうした状況に置かれた子どもたちに十分な支援を届けられない状況を打開するため、二〇〇四（平成一六）年以降、主に弁護士が中心となって、一五歳以上の子どもが入ることのできる「子どもシェルター」を開設する動きが全国各地で活発化し始めた。

児童相談所における一時保護の対象となるのは一八歳未満までであり、親の同意が必要になる。子どもシェルターは、二〇歳未満であれば本人の意思だけで入ることができる。

S市においても、二〇一四（平成二六）年に行き場のない一〇代の女子（一五～一九歳）のための子どもシェルターが開設された。

二〇一七年度におけるS市の児童相談所の相談受付件数は三三一三件。年齢別では一四歳の相談が最も多く、全体では一二歳から一七歳の子どもの相談件数が多数を占める。

その中で、児童虐待に関する相談は六九七件。虐待をしてしまう親やその子ども、地域住民や福祉関係者から毎日のように相談が寄せられていることがうかがえる。

子どもシェルターは、「シングルマザー風俗嬢予備軍」の少女たちに対して、どのような支援を行っているのだろうか。そして、地方都市における次世代への貧困の連鎖を断ち切るために、子どもシェルターはどのような役割を果たすことができるだろうか。

この問いに対する答えを探るため、S市で子どもシェルターを運営しているNPO法人の理事である弁護士の広瀬綾那さんにお話を伺った。

S市出身の広瀬さんは、市内の公立進学校を卒業後、東京の私大に進学。その後S市にある国立大学のロースクールを経て弁護士になった。S市における子どもシェルター開設の動きは、広瀬さんの呼び掛けによって始まった。

どのようなきっかけで、広瀬さんはS市に子どもシェルターをつくろうと思われたのだろうか。


「担当していた少年事件で、行き場がないために少年院に行かざるを得ないケースに出会ったことがきっかけです。

社会の中に行き場があれば少年院に行かなくてもいいのに、行き場がないから少年院に行く。それって、そもそもおかしくない？　と疑問に思いました。

少年院に入ったことは、後々経歴に残ってしまいます。行き場のなさはあくまで社会の問題であって、その子自身の責任ではないのに、その子の不利益になってしまいます。

児童福祉法では、子ども＝一八歳未満と書いてあるのに、一五歳を超えると行政が関わらなくなることが多いです。

一〇代の子どもが働く場合、男の子は土木作業員という選択肢がありますが、女の子には屋外での肉体労働は基本的に難しいし、どうしても夜の仕事になってしまいます。

そして、そうした仕事を紹介してくれるスカウトの人たちはやさしいです。『住む場所はここ、働く場所はここ』と親切に教えてくれるので、そっちに行きたくなるのは当然だと思います。本来行政がやるべきところを、スカウトが担ってしまっている現状があります。

そうした中で、行き場の一つとして子どもシェルターという選択肢があってもいいのでは、と考えていました。

ちょうどそんな時に、和歌山市にも子どもシェルターができた、という話を聞いたので、和歌山市よりも人口の多いS市でもできるだろうと思い、二〇一四年に弁護士が中心になってつくりました。

最初は行政にも児童福祉関係者にもなかなか理解してもらえなくて、『弁護士さんに何が分かるんですか』とか、あれこれ言われたりもしましたが、今はS市の各所につながりや連携先ができています」

入所から退所までの流れ

S市で複雑な家庭環境や困難な状況に置かれている一〇代の女の子たちは、どのような経路で子どもシェルターにたどり着くのだろうか。

「子ども本人から直接電話が来ることもありますが、多いのは児相と警察です。親からの虐待などで児相が一度保護した後、なんらかの事情で児相にいられなくなった時に、シェルターに入ることがあります」

S市の児童相談所における一時保護所の定員は二三人。女児の定員は一〇人であり、男児の定員（一三人）より少ない。居室は男女別のフロアになっており、男児七部屋、女児六部屋の居室になっている。児相では定員の関係で保護できない女子が、一時保護の委託という形で子どもシェルターに入ることもある。

二〇一七年度にS市児童相談所で一時保護を行った子どもは二〇九人。児童養護施設や子どもシェルター等に一時保護を委託した子どもは五一人だった。一時保護の平均在所日数は二一・〇日であり、全国平均値の二九・六日より短い。

「児相に入っている子どもたちは、似たり寄ったりの生育環境にあることが多いです。元々発達障害があって育てにくさがあるがゆえに、親から虐待を受けてしまうケースもあります。

さらにそこから精神疾患を発症してしまうと、親はもう手をつけられなくなってしまいます。そのまま放置されたり、延々と虐待を受け続けたり……。これは、障害児に対する社会的支援が不十分だから起こる問題でもあると思います。

釘《くぎ》などを使って自傷行為を繰り返し、手首や腕が傷だらけになっている子もいれば、援助交際などに走る子もいます。お互いに面識はないけれども、みんな同じS市内でツイッターを使って援助交際していた、というケースもありました。

ちなみにツイッター経由の援助交際は、中学生から高校生、専門学校生まで、S市でもかなり多いです。少年事件を担当する時にも『ツイッターで援助交際をやっていて〜』というケースが本当に多い。

児相で一時保護される子どもたちの中には、お互いに知り合い同士の子がいる場合もあります。悪い意味で影響があったり、解離性障害があったりする子だと、一つの空間にはいられない。そうした理由で、児相からシェルターに来る子どももいます」


「スマホを使わない」と自分で決めてからシェルターへ

一〇代のコミュニケーションツールといえばＬＩＮＥやツイッターなどのＳＮＳだが、子どもシェルターではＳＮＳでの相談受付はしていないのだろうか。

「ＳＮＳでの直接相談はやっていません。やった方がいいのでしょうが、ＳＮＳの場合、相談が来たら瞬時に応えないとダメだと思われるので、人手の問題もあって無理です」

S市の子どもシェルターの場合、子ども本人からの相談は、平日一〇～一七時の間、広瀬さんの所属する法律事務所の電話で受け付けている。

LINEやメールならまだしも、平日の昼間に自分から法律事務所に電話してSOSを出せる一〇代の子どもは、決して多くないだろう。SNSやアプリを駆使して巧みに少女たちにアプローチする買春男性やスカウトに比べると、児童福祉関係者のネット活用の度合いはまだまだ足りないと言わざるを得ない。

シェルターに入る際、子どもの持っているスマホは必ず職員が預かる仕組みになっている。シェルターに入っている間は、スマホやSNSを一切使うことができない。

「シェルターに入る時は、彼氏やヤクザ、親から追いかけられる危険があるので、スマホは電源を切った上で、こちらで預かるんです。

もちろん、中にはスマホが使えなくなることを嫌がる子もいます。一〇代の少女を支援する団体の代表からは、『弁護士さんがやっている子どもシェルターは、いい子しか入れない』『一〇代の女の子にとって、スマホを使えなくなるのは命を取られるようなもの。おかしくないですか』と批判されたこともあります。

確かにその通りですが、スマホを使うと、GPS（位置情報）でシェルターの場所がバレてしまうので、使用を許可することはできません。

スマホを使えなくなる覚悟があるかどうかは、初めに本人に聞きます。自分で決めて入ってね、と。『使えなくてもいい』という人だけ入ってもらう形にしています」

自ら「スマホは使えなくてもいい」と決断してシェルターに入る子どもは、どれくらいいるのだろうか。

「結構多いですよ。それ以外に選択肢や居場所がない、という事情もあるので。自分で決めて、自分で覚悟した上で入らないと、『無理矢理入れられた』となってしまいます。

正直、虐待などでメンタルをやられている子どもに、そこまで自己決定を強いるのはつらいな……と思う時もあります。

ただ子どもの場合、大人と比較して融通が利くこともあります。大人の場合は、仮にメンタルが弱っていても、今まで生きてきた経験があるので、『シェルターに入るなんて、絶対に嫌』『死んだ方がマシ』とかたくなに拒む人もいます。

でも一〇代後半の子どもだと、『今スマホを取られるのと、このままスマホを持ったままで行くのと、どちらが自分の将来にとって得か、一緒に考えてみようか』という感じで一時間も話せば、多くの場合、『確かに言われてみればそうだから、スマホは預かってください』となります。大人よりは凝り固まっていません。

もちろん、入所して三日後くらいには『スマホが使えないなんて、こんなところは嫌だ』と言い出したりしますけど、そうなったら『自分で決めたことだよね』と改めて伝えます」

シェルターの中での生活

シェルターに入っている期間は、子どもによってさまざまだ。平均的に見れば、一〜二カ月以内に退所する子どもが多い。これまでの最長は約五カ月。中には三日程度ですぐに退所する場合もあるという。

「シェルター側の都合というよりも、単純にシェルターには長期間いられないんですよ。基本的に自由に外出できない。学校にもバイトにも行けない。友達にも会えない。同じシェルターに入っている子としか会話ができない。

『アンネの日記』の隠れ家みたいな状態なので、一カ月も経てば飽きてきます。外に出たいと思うのが普通です。ずっとシェルターに居続けるのは、本人にとってもかわいそうです。

途中で無断外出をしたり、夜の街に繰り出していなくなってしまうこともあるので、なるべく二カ月以内に次の居場所を見つけてあげることが、本人のためになると考えています」

S市の子どもシェルターでは、子どもたちの見守りは、常勤職員の他にボランティアであるサポーターの協力で行っている。

子どもシェルターを運営するNPO法人と県の弁護士会・日弁連（日本弁護士連合会）との共催で、サポーターとして活動を希望する人向けの養成講座を開催している。「かわいそうな子どもたちを支援したい」「これまでの育児経験を活かしたい」といった動機で職員に応募してくる人もいるが、虐待を受けてきた子どもの支援は一筋縄ではいかないことが多い。

「試し行動（わざと周囲を困らせるような言動をして、愛情や信頼を図る行動）を取る子どもは非常に多いです。職員間の関係性を引き裂こうとする子どももいます。

実際にあったこと、確かにありそうなことを盛りまくって、『あの人は私にこんなことをしたの』『本当につらい』と言いふらします。

言われた職員が、他の職員にきちんと確認・相談できればいいのですが、それができないまま関係性が悪くなってしまうこともあります。

自己肯定感の低い人あるあるなのですが、周りの人を混乱に陥れて、自分のことを中心に考えるように仕向けるんです。それを無意識のうちにやっている。

そうした子どもたちに振り回された結果、精神的に疲弊してやめる職員も多いんです。求人は大変です。かわいそうな子どもを救いたい、という動機で応募してこられる方もいますが、現場で職員間のトラブルに巻き込まれてしまったり、子どもから『○○さん、最低』と言われたりすると、『私、一体なんのためにここに来たんだろう……』となってしまいます。

場合によっては、『なんで私の言っていることが分からないの?』と逆に子どもを責めてしまったり。それでは虐待した親と同じですよね。

全国各地のシェルターでも、支援者はメンタルの問題を抱えて潰れてしまいがちです。一人で抱え込まないことが大切だと思います」

親から虐待を受けた子どもは、「支援者」と呼ばれる大人に対して根強い不信感を抱いていることが多い。不信感を緩和するために、どのような点に注意してコミュニケーションを行っているのだろうか。

「大人同士が『○○先生』とか言っていると偉そうに聞こえるので、子どもの前では弁護士も医者も、まずは『○○さん』と呼び合います。これが基本です。

その上で、私たちはみんなで協力してあなたを支えるので、あなたから聞いたことは秘密にしたいけど、できないこともあるよ、と伝えます。

いわゆる『支援者臭』を消すことは難しいです。ただ、子どもに裏切られたとしても、試し行動ができるということは、周りの大人を信頼しようとしている過程にいる、とも解釈できます。だから子どもから裏切られたと思っても、これはあくまで途中経過なので長いスパンで考えよう、と自分自身に言い聞かせています」

自己肯定感を上げるための工夫

シェルターでは、入所している子どもの通院の同行支援も行っている。同行先は精神科や婦人科、発達障害系のクリニックが多いという。

「子どもたちは、性病の知識は全然ありません。避妊の方法は一応知っているけど、しない。『中で出さなきゃいいんでしょ』『口でやったから大丈夫』と。扁桃炎《へんとうえん》など、喉をやられている子どももいます。インフルエンザかも、と言われて一緒に病院に行ったら性病だった、というケースもありました」

自己肯定感の低さゆえに、周囲の男性や大人に性的に利用されて、性暴力被害に遭ったり、性感染症をうつされたりする結果になってしまう。そして、被害に遭ったこと自体にも気づいていない。

そんな子どもたちの自己肯定感を回復するために、入所中に意識して行っていることは、「一つ一つの生活のクオリティを上げること」であると広瀬さんは語る。

「例えば毎日の食事。毎日の食事は、職員がつくって出すのではなく、全て子どもと職員が一緒につくるようにしています。強制ではないのですが、『はい、つくるよ～』といった感じで。今までご飯をつくったことがない、という子も結構います。朝はパン、昼はカップラーメン、夜はその辺にあるスナック菓子、みたいな食生活をずっと続けてきた子も多いです。そういう子が、朝・昼・晩の献立を決めて、自分でつくったものを食べる。そこで『美味しい！』という実感を味わえると、『自分、できるじゃん』と自己肯定感の獲得につながる。職員から『○○ちゃんのつくったドレッシング、すごく美味しくない？』と言われると、他人からそんなに褒められたことがない子どもにとっては、大きな自己肯定感につながる。そこから『何かつくってみたい料理はある？』と聞いて、次につなげていきます。

この前私がシェルターに行った時、入所している子どもから『今日ハンバーガーなんだけど、広瀬さんも食べますか？』と言われて、『ハンバーガーつくったの？』と聞いたら、パン生地から全て手作りした立派なハンバーガーが出てきました。

自分もこんなことができた、という達成感が積み重なっていくと、生活スキルが上がるだけでなく、自己肯定感も上がっていきます。

包丁もうまく使えなかった子が、魚を三枚おろしできるようになったり。そうした成功体験を積み重ねていけば、専門家を入れなくても、少しずつ回復していくことができるし、その後の生活にも活かせます。お金はかからないけど、大事なところです」

現行の福祉制度の大きな問題は、「制度を利用することによって、本人の自己肯定感が大幅に下がってしまう」という点にある。生活保護制度は、まさにその一例だ。

福祉が風俗に勝てない理由の一つは、ここにある。成育歴に起因する自己肯定感の低さに悩まされている女性は、風俗で働くことで、多くの男性から容姿や性格を褒められたり、これまで決して得られなかった高収入を手にすることができ、それによって自己肯定感を高めることができる。

福祉の側に、風俗と同様、あるいはそれ以上に自己肯定感や達成感を満たせる仕組みがあれば、「シングルマザー風俗嬢予備軍」を減らすことができるはずだ。

シェルターを出た後の行き先

S市の児童相談所における一時保護のデータ（二〇一七年度）を見ると、委託保護を含めた退所後の状況は、「帰宅」が全体の七三・八％（一九二人）を占めている。次いで「児童福祉施設入所」が五・四％（一四人）、「里親委託」が三・八％（一〇人）の順となっている。

「約六割の子どもは、元の家庭に帰ります。帰宅以外の行き先としては、自立援助ホームに入所する、住み込みで働く、学校の寮に行く、などです」

親や家族の支えを得られず、身寄りも身元保証人も学歴も住まいもない一〇代の女子が自活できる仕事（水商売や風俗以外）は、S市に存在するのだろうか。

「一〇代の子が住み込みで働ける仕事場は、ホテルなどの宿泊業です。S市内にも数カ所しかありませんが。

多くのバイトは、高卒以上という採用条件があるので、中卒や高校中退の子が仕事を探すことは簡単ではありません。飲食店やコンビニ、清掃のバイトをする子もいますが、それだけで暮らしていくことはなかなか難しいです。一八歳を過ぎていれば、生活保護を受給しながらアパートを借りて一人暮らしをする子もいます」

シェルター退所後の行き先として思い浮かぶのは、児童養護施設や里親といった社会的養護の領域だ。

S市において、社会的養護のもとで暮らす子どもの人数は、二〇一六年度末時点で計九二人（乳児院三人、児童養護施設四二人、里親委託四七人）となっている。

S市における里親認定・登録数（二〇一八年三月末時点）は一三三組。その中で、実際に児童が委託されている里親数は三二組、里親に委託された児童数は四五人である。

ファミリーホーム（里親型のグループホーム）委託児童五人を含め、S市における里親委託率は五七・五％で、全国平均の一八・三％より高い水準にある。

S市の調査報告書では、今後社会的養護において里親への委託が中心となっていくことから、新規里親の開拓及び中学生以上の児童の委託先を増やしていくことが課題である、と明記されている。

実際の現場では、里親という選択肢はどこまで機能しているのだろうか。

「シェルターに入るような高年齢の難しい子をいきなり里親に出しても、里親さんが潰れてしまう可能性が高いです。

低年齢の子ども、中学生くらいまでであれば、なんとか信頼関係をつくれることもありますが。里親委託は、話には出ますが、実現することは少ないですね。ちなみに児童養護施設に入る子どもは里親委託以上に少なく、ほとんどいません」

もう一点、気になるのは「進学」という選択肢の有無だ。貧困の連鎖を断ち切るためには、困難な家庭で育った子どもが希望する進学先に進める環境を整備する必要があるが、実際に進学を希望する子どもはいるのだろうか。

「元々通っていた学校に復学する子どもはいます。高校を受験して進学した子もいます。ただ大学については、進学できるポテンシャル自体はあっても、本人が望んでいないケースも多いです。早く結婚して家庭を持ちたい、という希望が強いです。

結婚しても、相手がＤＶ夫やモラハラ夫だったり、離婚できなかったりと、その後で困ることも多いのですが」

退所後のアフターフォローと財源の問題

シェルターを出た後も、子どもたちには引き続きさまざまな困難が待ち受けている。退所後のアフターフォローはどこまで行っているのだろうか。

「シェルターの役割としては、入所中の支援と次のつなぎ先を見つけるところまでで、その後は子ども担当弁護士＝『コタン』にお任せする、という仕組みになっています。コタンは、子どもの意見表明権を保障する役目を担っています。場合によっては、コタン対シェルターで争いになることもあります。

退所した後に、シェルターに連絡をしてくる子は少ないです。これまで一人、二人はいたけど、その後は関わりがないことがほとんどです。

シェルターを出た後の支援については、把握していません。きちんと把握する仕組みをつくった方がいいと思いますし、実際にやっているシェルターもありますが、人手不足で……」

S市の子どもシェルターの利用者は、年間で一〇名程度。開設から現在まで、合計四〇名程度の子どもたちが利用している。

「今の体制では、年間一〇人が限界です。部屋数の問題とかではなくて、シェルターの狭い空間内に難しい子がたくさんいたら、きちんとケアをすることができなくなります。一〇人が限界であり、適切な人数だと考えています」

二〇一九（令和元）年現在、全国には一三の子どもシェルターがある。その多くは、行政からの措置費と一般の寄付を財源にして運営している。

「子どもシェルターは、制度上は自立援助ホームの一類型として扱われており、行政からのお金もその類型で出してもらっています。

しかし、自立援助ホームはあくまで自立のために働いたり外出することが前提ですが、子どもシェルターは、ただそこにいるだけです。外出には制限があるし、働くこともできません。

給付されるのは同じ金額でもいいので、自立援助ホームと同じ類型ではなく、新しい類型をつくってもらいたいです。子どもシェルターを社会に広めるためにも、そうした働きかけをしている最中です。

子どもシェルターには職員が常駐しているので、その人件費だけで毎年一三〇〇～一四〇〇万円かかります。支援制度が手厚い高齢者と比較すると、未成年の子どもに対しては、なかなか行政からお金は出してもらえません。

子どもシェルターのような事業は、本来であれば行政がやるべき仕事です。職員の給与も上げて、仕事として成り立つようにしていく必要があります」

一八歳未満の子どもについては「児相の一時保護委託」として、一時保護の場所をシェルターにしてもらっている。それによって、親権者からの子どもの返還請求を防ぐことができるからだ。

「ただ、課題もあります。子どもシェルターを運営する際、自立援助ホームとして児童自立生活援助事業を利用すれば行政から一定の支援を受けられるのですが、親権者から『子どもを誘拐された』という主張をはねのけることはできません。

一八〜一九歳のお子さんの親から『子どもを誘拐された』と訴えられた場合、認められる可能性があるので、子どもシェルターは常に危ない橋を渡っている、といえます」

第五章の玉美さんのように、幼少期に虐待を受けて育った子どもが、一〇代になって望まない妊娠や性暴力被害に巻き込まれたり、男性への嫌悪感を抱えたまま風俗で働いたり、未婚の状態で妊娠・出産を繰り返すシングルマザーになるケースは、一定数存在する。

そして彼女たちの抱えた精神的・経済的な負債は、そのまま次世代の子どもたちに引き継がれていく。

こうした負の連鎖に歯止めをかけるためには、どうすればいいのだろうか。

「私がこれまで関わった中にもそうした子がいるのですが、そもそも、もう少し児相が頑張ればよかったんじゃないのかと。

S市の場合、高校を中退したら児相はもう関わりません、というケースも多いのですが、中退する子どもにこそ支援が必要なことは明らかです。女子高生の妊娠退学も同じです。

児相の悪口を言っても仕方がないのですが、一五歳以上で難しすぎる子がいると、S市の場合、児相が関わりをやめてしまいます。

びっくりするんですけど、『児童相談所の仕事は終わりました』と言われたことが何回もあって。『終わった』って何？　閉店したの？　その子はまだ一六歳なんだけど……。

『犯罪をおかすようなことがあれば、司法でお願いします』と言われたこともあります。犯罪待ちですか？　児童相談所が抱えているケースがメチャクチャ多いのは分かるけど、それっておかしいですよね、と。

そういう子が、その後何人も子どもを産んで、虐待やネグレクトを繰り返します。この悪循環を断つには、もっと幼い時からきちんとした支援をしていく必要があります。

私はS市の要保護児童対策協議会に弁護士会の代表として出ているのですが、やはり小学校に上がってからの支援が手薄になっています。

現在、S市にはスクールソーシャルワーカーが三人しかいません。学校の現場で、ソーシャルワークの知識がある人が極めて少ない。就学期以降の支援をもっと増やしていかなければいけないと思います。

また、学校の関係者が意外と子どもシェルターの存在を知りません。学校関連のイベントに行くと『そういうところがS市にもあったんですね』と毎回言われます。知ってもらうのは大変だな、と実感しています。

また今の子どもたちは中学生から性交渉しているので、性教育に関して具体的な話を学校でもした方がいい。知り合いの元養護教諭は、中学校や高校に出前授業で性教育を行っています。『寝た子を起こすな』という意見もあるそうですが、広まってほしいです」

罰を与えても、排除しても意味がない

広瀬さんは、子どもの担当弁護士＝コタンに対して、「コタンの仕事はシェルターに入った時からスタートしますが、シェルターを出て終わりじゃなくて、子どもから連絡が来なくなるまでずっとコタンです」と伝えている。

「コタンは、子どもにとって相談相手でもあり、パートナーでもあります。子どもがシェルターを退所してからも、連絡先はきちんと教えます。向こうからアクセスしてくる分にはいいですが、こっちからアクセスする必要はありません。

弁護士から連絡が入ることで、『あの時シェルターに入っていた』という記憶が虐待の経験と共にフラッシュバックしてしまい、むしろ心の負担になる子もいます。こちらから連絡するかどうかは、その子の特性を見極めて。向こうから連絡が来たらきちんと対応・支援してあげてね、と伝えています。

日弁連には、コタンの仕事をする弁護士に最低限の実費を支援する仕組みがありますが、児童に関する予算をもっと増やす必要があると思います。

司法の世界では、悪いことをした人に罰を与えようとしますけど、それはなんの意味もない。社会から排除しようとしても、結局排除しきれず、再び社会に戻ってきて同じことを繰り返す

だけです。

必要なのはケアです。一度失敗した人に対して、社会がどれだけケアすることができるのか。子どもが大人になって犯罪を行ったら、裁判や刑務所などの費用で一人につき三〇〇万円かかります。そこにかかるお金を考えたら、子どもの支援にもっと予算をつけて、スクールソーシャルワーカーや児相の相談員、行政の相談担当者を増やしてほしいです。

いきなり増やすと質が下がる、という指摘もありますが、今までのノウハウもあるし、S市にも児童福祉関係の大学や専門学校を出ている人はたくさんいるので、活躍できる場を増やす意味はあるはずです」

社会資源と社会的合意をつくり出すために

次世代への貧困の連鎖を断ち切るためには、一〇代の「シングルマザー風俗嬢予備軍」に対して、手厚い支援を届ける必要がある。

社会資源としての子どもシェルターを拡充していくことは、次世代への貧困の連鎖を断つための最適解の一つになることは間違いない。

やるべきことは分かっているが、とにかく人と予算が足りないため、思うように動けない。防げたはずの事件を防げない。救えたはずの人を救えない。断ち切ることのできるはずの貧困の連鎖を、断ち切ることができない。

そうしたもどかしさの中で、広瀬さんたちのように、児童虐待や育児放棄といった「シングルマザー風俗嬢予備軍」の生み出される最前線の現場で、そして限られた予算と人手の中で、最善を尽くして奮闘している人たちがいるという事実は、S市で暮らしている人たちの間でもっと広く知られるべきだろう。

子どもシェルターを巡る動きのように、一〇代の未成年の居場所となるような社会資源を自らつくり出しながら、子どもの支援に人と予算を重点的に振り分けていくための社会的合意をつくり出していくソーシャル・アクションの重要性は、地方都市においてもこれからますます高まっていくはずだ。

「社会」と名の付く資源や合意は、決して「上から与えられるもの」ではなく、地域で暮らす人たちが知恵と力を合わせて「現場からつくり出していくもの」なのだから。


本章では、風俗店で働くシングルマザーを生み出す「入り口」における支援の現状と課題を、子どもシェルターの現場を通して考えてきた。

次章では、風俗店で働くシングルマザーの生活相談を行っている相談支援員の声を聞きながら、「出口」の支援＝風俗店をやめて一般の仕事に戻りたいと願うシングルマザーたちの支援の現状と課題について、考えていきたい。

第七章　風俗の「出口」を探せ

夫のDVから逃げる

大倉美那子さん（四三歳）は、二人の子どもを育てているシングルマザーである。

B市内の高校を卒業後、S市内のパチンコ店、医療事務、ホテルなどの仕事を転々とした後、二〇代後半で結婚。S市の郊外で新生活を始めた。

しかし、結婚して間もなく夫からのDVがひどくなり、耐えられなくなった美那子さんは子どもたちを連れてシェルターに避難した。

S市内には、民間の支援団体や県の女性福祉相談所が運営するシェルターが合計四カ所ある。DVのシェルターというと、第六章の子どもシェルターのように、入所したらスマホを使えず、外出も自由にできないというイメージがあるが、S市にあるシェルターの中には、配偶者から追跡されるリスクの少ない人向けに、スマホを自由に使用でき、外出も可能なシェルターを用意している団体もある。

美那子さんの場合は、夫から追跡されるリスクを少しでも減らすために、最も管理が厳しく、スマホも使えないシェルターに入った。

最終的に警察が絡む事件になったが、弁護士に依頼して無事に離婚が成立。元夫からは毎月六万円の養育費を支払ってもらっている。

離婚後は、B市のアパートで子どもたちと暮らすことにした。ハローワークで就職先を探したが、希望する事務職は倍率が高く、なかなか決まらない。

土日は子どもの世話に追われるシングルマザーの間では、土日が休みになる事務職の仕事は人気が高い。それゆえに倍率が高く、企業側もなるべく年齢の若い人材を採用したがる傾向があるので、四〇代の美那子さんにとっては厳しい状況だった。

レジ打ちのパートと他のバイトを掛け持ちすることも考えたが、飲食店などのサービス業の多くは、土日のどちらかは必ず出勤することが採用条件になっているため、なかなか条件が合わない。

迷った結果、美那子さんはS市内のデリヘルで働いて生計を立てることにした。風俗の仕事はこれまで全くの未経験だったため、勇気のいる決断だった。

アパートの家賃は四万五〇〇〇円。離婚後、同じB市内にある実家までの移動、そして職場のあるS市までの通勤のために新車をローンで購入し、毎月二万五〇〇〇円ずつ返済している。

離婚の際に出費がかさんだため、合計三社からカードローンを借りている。金額はそれぞれ二〇~三〇万円程度で、毎月合計で四万円ずつ返済している。離婚時の弁護士費用も月数千円ずつ分割で支払っている。

真面目な性格の美那子さんは、毎週平日の五日間、一〇時から一六時まで出勤している。調子のよい時は、月額三〇万円以上稼ぐこともある。稼ぎ時である連休や祝日は、実家に子どもたちを預けて出勤している。

地元のB市で、高卒で四〇歳を過ぎた女性が月三〇万円稼げるような仕事はほとんど存在しない。借金や弁護士費用の支払いはあるものの、デリヘルの収入と元夫からの養育費を合わせれば、それなりに余裕のある暮らしはできる。

借金を全て返済し、生活費が十分に貯まったら、デリヘルの仕事をやめて、一般の仕事をしよう。美那子さんはそう考えていた。

突然の扁桃炎

しかし、働き始めてから半年ほど経ったある日、美那子さんは発熱と喉の痛みで病院に行った。診断結果は扁桃炎。症状も重かったため、一週間ほど入院することになった。

扁桃炎の原因は、ほぼ間違いなく仕事で行っているオーラルセックス。コンドームをつけずに不衛生なサービスを続けた結果だといえる。

S市において、「熟女店」と呼ばれる四〇代以上の女性が在籍する店では、不衛生なサービスやオプションがデフォルトになってしまっている。若い女性に比べて容姿を売りにできない分、サービスの濃厚さや過激さを売りにしなければならないからだ。

自分の入院によって、子どもたちや実家に多大な負担をかけてしまい、美那子さんは大きく落ち込んだ。

退院後、すぐにお店に復帰したが、体調と気分がすっきりしないため、出勤が安定しない。

「店長からは、もっと出勤を増やしてほしいと言われています。お店での人気はそれなりにあるので、出勤すれば稼げることは分かっているんですが、体調不良でなかなか動けない。仕事のせいで病気にもなるし、『四三歳にもなって、自分は一体何をしているんだろう』と思う時もあります」

出勤回数の減少に伴い、収入も大幅に下がった。当初は生活費が半年分貯まったらやめようと考えていたのだが、このままのペースでは、何年かかるか分からない。

「最近は、収入の波や気分の波が激しくて……。いけないと思いながらも、つい子どもに当たってしまう時もあります」

「最悪の客」に指名される

そうした不安定な状況の中、さらに美那子さんの心に大きなストレスをかける出来事が発生する。離婚した元夫が、客としてお店にやってきたのだ。

もちろん、DVの加害者である元夫には、B市に引っ越したことも、デリヘルで働いていることも一切伝えてはいない。

元夫は、美那子さんが離婚後実家のあるB市に戻ったと予想し、S市内にある全てのキャバクラやデリヘルのサイトを検索し、美那子さんに似た女性を調べたと思われる。

目の前に元夫が現れた時は、ショックで何も考えられなくなった。サービスは提供せず、会話をするだけで終わったが、電話番号を知られてしまった。

その日から、元夫から毎日のように「やり直したい」と電話がかかってくるようになった。さらに、元夫は美那子さんに会うためにB市に引っ越してきた。まだ美那子さんの自宅の場所は知られていないが、知られるのは時間の問題だ。

「もう電話してこないでほしい」と美那子さんが伝えると、元夫は「風俗で働いていることを実家のご両親が知ったら、どう思うだろうね」と脅迫めいたことを言ってくる。

耐えられなくなった美那子さんは、再び弁護士と警察に相談することを決意した。元夫から逃げるために、転職や引っ越しを含めて、また同じことを繰り返すのか……と考えると、やりきれない気持ちになった。

地方都市における風俗は、ＤＶや離婚によって夫という経済的支えを失った女性に対して、住まいと生活を一気に安定させるだけの高収入の仕事を提供できる、ほぼ唯一の社会資源だ。

人間関係の狭い地方都市では、プライバシーを守ることが難しい。そこで、家族や親戚、離婚相手に知られたくない事情を抱えた女性は、血縁・地縁・社縁とは一切無縁の「夜縁」＝水商売や風俗を頼ることになる。

しかしデリヘルの仕事は、女性自身が常に自らの写真や動画をホームページ上やＳＮＳ上にアップし続けないと、集客ができない。

働く女性のプライバシーが最も守られなければならない仕事であるにもかかわらず、最もプライバシーを暴かれやすい仕事である、という二面性を有している。社会資源としての風俗が内包するこうした脆弱《ぜいじゃく》性は、決して見逃してはいけないだろう。

美那子さんの場合、扁桃炎による入院や元夫に身元を特定されるという結果にはなったものの、四三歳で月額三〇万円以上の収入を得ることはできていた。

しかし、全ての女性が同じような金額を稼げるわけではない。四〇歳を過ぎて、意を決して風俗で働いたにもかかわらず、全く稼ぐことができずに、ただメンタルを病んでいく……というケースの方が、むしろ多数派だ。

そうした中で、風俗からの「出口」の一つとして浮かび上がってくるのが、生活保護だ。

地方都市のシングルマザーが生活保護を受けない理由

「生活に困窮しているシングルマザーの方が私たちの窓口に来た場合、なるべく生活保護につなぐようにしています。ご本人のためというよりも、お子さんのためです。

ご本人に『生活保護を受けるのが一番だ』と思ってもらえるように、面談を通して、説得する……とまではいかなくても、時間をかけて説明していきます。

中には、途中で関係が切れてしまう人もいます。そうした人が風俗の世界に行くのかもしれません」

こう語るのは、S市の生活困窮者自立相談支援事業を受託している一般社団法人で相談支援員をしている吉良浩子さん（三七歳・社会福祉士）。

S市で風テラスの活動を開始した当初から、市内のデリヘルの待機部屋での相談会に協力してもらっている、頼もしいソーシャルワーカーだ。

「デリヘルで働いているシングルマザーの方々の状況を見聞きすると、生活保護を受けていた方がよっぽど精神的には楽なのに……と思う時もあります。明らかに生活保護を受給できる対象のはずなのに、受けない人が多いです」

第一章で述べた通り、S市のひとり親世帯（約四四〇〇世帯）のうち、五割が貧困線を下回る生活をしているにもかかわらず、生活保護を受けている世帯は全体の一一%（約五〇〇世帯）に過ぎない。

S市のシングルマザーが生活保護を受給しない背景には、どのような理由があるのだろうか。まず思い浮かぶ理由は、役所の窓口での水際作戦＝不正受給の防止や保護費の抑制のために、市職員が生活保護の申請を希望する人を窓口で追い返すことだ。

しかし、吉良さんによれば「S市で水際作戦を行っているところはありません」とのことだ。

「生活困窮者自立相談支援事業が始まってから、私たちのような相談支援員が間に入って、本当に必要な人だけを生活保護に橋渡しする仕組みができました。

県や市の委託事業なので、お墨付きがある。私たちが申請に同行すれば、水際作戦は絶対にできません。私自身、同行支援の際に水際作戦を受けた経験はないです」

役所窓口での水際作戦が行われていないとすれば、一体何がシングルマザーの生活保護申請を妨げる要因になっているのだろうか。

「単純に、制度の内容を知らない人が多いです。知らないからこそ、生活保護＝悪、生活保護＝人生の終わり、といった誤ったイメージを持っています。

生活保護は、あくまで生活を自立させるために一時的に利用する制度であり、憲法で保障された権利でもある、ということが知られていません」

勇気を出して相談すれば解決するケースも

親族への扶養照会や資力調査に対する抵抗感ではなく、そもそも生活保護という制度の内容を知らないがゆえに利用しない（できない）、という現実。

地方都市における偏見の強さや啓発の不徹底を感じさせる現実だが、適切な啓発によって解決できる余地が大幅に残っているという事実は、ポジティブにも捉えられるだろう。

「S市の場合、シングルマザーで子どもが二人いれば、生活保護を受けることで月額二〇万円くらいはもらえます。そこでご本人が『今はこれで仕方ない』『この選択が最善なんだ』と思えればいいのですが、なかなかそうは思えない人が多いです。

風俗で働くという選択肢を取れば、そうした後ろめたさを感じずに済む。この差は確実にあると思います」

シングルマザーの相談者に対しては、生活保護と同様、別れた夫からの養育費に関しても、「子どものため」という観点からきちんと請求することを勧めている、と吉良さんは語る。

「ただ、『元夫から養育費はもらいたいけれど、面会とセットにされるのが嫌です』という人もいます。『父親には会わせたくないから、養育費はいらない』という人もいます。難しいですね。

養育費の未払いがある場合、『どうせ払ってもらえない』と思って諦めてしまう女性もいますが、弁護士から書類を一通送っただけ、電話を一本しただけで未払い分が全額振り込まれた、というケースもありました。

私自身も、この仕事をしていなかったら『弁護士に相談なんて、とんでもない』と思っていたはずです。でも、勇気を出して相談すれば解決するケースも意外とあります。S市には、養育費の相談に特化したひとり親家庭等就業・自立支援センターという窓口もあります。無料だから相談してみませんか、ということを、私たちがもっと伝えないといけないと考えています」

使いづらい貸付制度

生活保護を受けられない、別れた夫から養育費をもらえない場合であっても、経済的な自立や生活の安定のための資金、住宅や子どもの就学費用等を公的な機関から借りることができるのであれば、シングルマザーが風俗で働き続ける必要はなくなるはずだ。

S市の発行する子育て応援パンフレットには、ひとり親家庭に向けた貸付制度がいくつか紹介されているが、吉良さんによれば、実際に現場で生活困窮者を支援している立場からすると使いづらいものが多いという。

「社会福祉協議会（社協）の低所得世帯向けの貸付にはいろいろな種類がありますが、二人以上の世帯に最大で月二〇万円・一二カ月間貸してくれる総合支援資金という制度があります。この総合支援資金については、私はこの七年間で一件も申請を通したことがないです。区社協に尋ねると『県社協がダメと言っているので』と言われて、申請すらできません。それこそ水際作戦ですね。昨年は県内全体で利用がゼロ件でした。

この間も、総合支援資金の申請で社協に同行したら、『県の労働金庫で借りてください』と言われました。確かに労金はパートでも年収一五〇万円あれば貸してくれることもありますが、公的な機関である社協が『民間の労金に行け』と言うのは、ちょっとどうかなと。

次の仕事が決まっていたり、雇用保険が出ることが決まっている人向けに、つなぎの資金として一〇万円以内を限度に貸してくれる緊急小口貸付という制度があります。これは割と借りやすいです。つなぎとしてデリヘルの仕事をやっている人には使えるかもしれません」


S市において、貸付に関する制度が使いづらいのは事実だ。一方で、仮に貸付をしてもらったとしても、果たしてそれが本当にこの人の自立に役立つのか……と思う時も少なくない。


「貸付を受けても返済できないと思われる場合、こちらも手続きを進めづらいので、生活保護などの給付や手当を勧めることが多いです。

お子さんに障害があれば、特別児童扶養手当を受給できます。発達障害のお子さんがいるシングルマザーの方も多いので、そこはもれなく紹介します。

Ｓ市でも、生活困窮者の中には発達障害や知的障害のグレーゾーンの人が少なくないです。子どもが特別支援学級に通っているので、送り迎えがあるためパートでしか働けない、という人もいます。虐待やＤＶの陰に発達障害があるケースも多いです。

貧困の連鎖を防ぐためにも、Ｓ市内で、障害のある子どもに特化した、低額で利用できる学習支援事業があれば……と思うこともあります」

死別シングルマザーは困窮しない

ここまで支援者としての立場からお話を伺ってきたが、吉良さんご自身も、Ｓ市で三人のお子さんを育てているシングルマザーの当事者である。

三人目の子どもが生まれて間もなく、夫が単身赴任先で急死。夫の死を悲しむ暇もなく、フルタイムで働きながら、三人の子育てに追われる生活が始まった。

「生活困窮者を支援する仕事をしていたにもかかわらず、遺族年金をもらえることは知らなかったんです。自分はもらえるはずがない、と勝手に思い込んでいました。

遺族年金と生命保険があれば経済的にやっていけそうだと分かって、すごく前向きになれました。制度を知っているか否かは、本当に分かれ道でしたね。

遺族年金があるため、離別シングルマザーに比べると、死別シングルマザーは経済的に困窮しません。私たちのところに相談に来る人もほとんどいないです」

フルタイムで働くシングルマザーにとって、一つの大きなハードルになるのが病児保育の問題だ。吉良さんの家庭でも、一人の子どもが熱を出すと、日替わりで他の子どもたちも次々に熱を出すようになる。そんな時、病児保育制度はまさに命綱になる。

「私は、病児保育を徹底的に使うタイプです。S市の病児保育マスターですね（笑）。当日、地元の施設の定員が埋まっていても、市内各区にある第二希望・第三希望・第四希望の施設に連絡して、入れてもらいます。

病児保育というと預けづらいイメージがあるかもしれませんが、コツさえつかめば使い勝手はいいです。

ただ、施設までの子どもの送り迎えがあるので、仕事に関してはどうしても遅刻・早退しなければならなくなる。保育園に病児部門が併設されていれば……と昔から思っています。

利用料金は、住民税の非課税世帯であれば無料になるのですが、そうでなければ一人につき二四〇〇円で、三日間預けると一万円前後。子どもたちの発熱が重なると結構負担です」

S市でも病児保育拡充の必要性が訴えられているが、ヘビーユーザーの吉良さんとしては、単に施設を増やせばいいわけではない、と考えている。

「病児保育に関しては、確かに市内には施設がない区もありますが、使う人はどんなに遠くても使います。職場と同じ方面であれば、預けやすいので。

逆に、使わない人は近所に施設があっても使いません。両親や義父母に預かってもらう人も多いです。私の周りでも、病児保育をフル活用している人はほとんどいません。

施設によっては、現在でも定員割れしている時はあります。またインフルエンザが流行っている時期はどこも入れなくなります。

繁忙期と閑散期の差が激しいので、単に施設を増やせばいいという話ではありません。病児保育施設のない区があるのは確かに問題かもしれませんが、仮につくられても利用者の母数が少ないので、うまく稼働しない可能性があります。

病児保育で預かってもらえるのは一八時までなので、フルタイムで働いている親の場合、間に合わないこともあります。結局、仕事を早退しなければなりません。

S市の市民病院に併設されている病児保育は二〇時まで預かってもらえるので、仮に病児保育を拡充するのであれば、既存の施設の預かり時間を延ばしたり、定員を増やす、といった方向性がいいのではと思います」

この街のシングルマザーに最も必要な支援とは

行政によってつくられた制度やサービスは、当事者のニーズと常にズレてしまう傾向がある。S市で生活に困窮したシングルマザーを支援する立場、そして自らもS市でシングルマザーとして子育てをしている立場から、吉良さんがシングルマザーに最も必要だと考えている支援はなんだろうか。

「ひとり親家庭にヘルパーを派遣する日常生活支援の制度があるのですが、これをもっと使いやすくしてほしいです。

私自身が使いたくて区の健康福祉課に問い合わせたのですが、『あくまで一時的な支援であり、病気などの緊急時にしか使えない』と言われました。一体誰が使っているのか。使ったことがある、という人も聞いたことがないです」

S市には、地域の中で子育てを支え合うために、子育てに関する援助を受けたい人（依頼会員）と、援助を行いたい人（提供会員）をコーディネートするファミリー・サポート・センター（ファミサポ）という制度があるが、これでは不十分なのだろうか。

「ファミサポがあることはみんな知っています。登録もしています。でも利用していない人が多いです。一時間につき七〇〇〜八〇〇円の利用料金がかかるので、所得に応じてもっと使いやすくする仕組みが必要だと思います。

ひとり親は、フルタイムで働いていることを除いても、料理、洗濯、アイロンかけ、掃除とやるべきことがとにかくたくさんあります。土日の方がむしろ大変です。子どもと遊んであげられない罪悪感もあります。お母さんがあと一人か二人いれば……といつも思っています。

私の場合、夕食は食材宅配サービスを利用しています。毎日食材とレシピが届くので、一〇〜二〇分で二〜三品つくれます。完璧な手料理ではないですが『料理をつくっている』感があり、買い物もしなくていいので、大幅な時短になります。

水回りの掃除や洗濯物に関しても、ヘルパーさんに頼めればいいのですが、四人分の洗濯物について、それぞれ誰のもので、どこにしまえばいいのかを逐一教えないといけないとか考えると、なかなか頼めません。

迷っているうちに子どもがそれなりに大きくなるので、まぁいいか、自分でやればタダだし……と思って、そこでまた無理をしてしまう。洗濯物については、今は干す時間もたたむ時間もないから、全部乾燥機にかけて山にしておき、土日にまとめてたたんでいます」

足りないのは、「夫」でも「お金」でもない

三人の子育てに比べれば、仕事の方が全然余裕です、と吉良さんは苦笑する。

「子どもたちを保育園に送り出して、車に乗った瞬間から、やっと『ここからが自分の一日だ』という気分になります。車内でＷＡＮＩＭＡを流して歌うと、テンションが上がります。一人で子育てをしていると、『いつまでこんなことを続けなければならないんだろう』と感じることがあります。役割や責任を、全部一人で抱えすぎですよね。亡くなった夫に対しては、今でも『なんでいないの』と思ったり。

ただ、私のような死別シングルマザーは、精神的にはつらいかもしれないけど、『助けて』とは言いやすいと思います。

一方、離別シングルマザーは、自分から困窮に突き進んでしまいます。自分の意思で離別を選んだので、全ては自己責任と言われてしまうし、本人もそう思い込んでしまいます。『助け

て』と言いづらい。その違いは大きいと思います」

山のような「やるべきこと」に囲まれて、気が遠くなりそうな毎日の中で、シングルマザーが最も必要としているのは、「夫」でも「お金」でもなく「妻」＝自分自身に課された女性として、母親としての役割を同じように分担してくれる存在である、という事実。

そう、現行のシングルマザー支援に足りないのは「妻」なのだ。地方都市における子育て支援や福祉制度には、この部分のサポートが足りていない。

「妻」を得られないまま、誰にも「助けて」と言えないまま、自己責任という呪いに縛られ、過酷な生活の中で心身をすり減らすシングルマザー。

家庭内で母親としての自分を維持できなくなった彼女たち、そして風俗の世界で女性としての自分を売ることすら困難になった彼女たちを待ち受けているのは、福祉と風俗の狭間にある奈落しかない。

精神疾患を抱えながら風俗で働くということ

「このお仕事の厳しさは、一カ月働いてみてよく分かりました。毎日写メ日記に自分のいやらしい写真をアップし続けないといけない。

でもこのS市だけで、自分以外に数千人もの女性が同じようなことをしているんですよね。その中から自分を選んでもらうのは大変。もう疲れました」

くたびれた表情でそう語る川田静さん（四二歳）とは、S市内のデリヘルの待機部屋で出会った。現在、九歳の男の子と三歳の女の子を一人で育てているシングルマザーだ。

発達障害に加えて双極性障害（躁《そう》うつ病）があるため、障害者手帳二級を取得している。障害年金も受給したいと思っているが、社会保険労務士には「現状では無理」と言われている。

パニック障害や心的外傷性ストレス障害（PTSD）、パーソナリティ障害に関しては、障害年金申請が通らないことが多い。風俗で働く女性の中には、こうした障害で悩んでいる人が少なくないが、公的な支援はなかなか受けられない。

静さんは、教育熱心な親から過剰な期待と束縛を受け、半ば教育虐待のような環境で育った。そのことが精神疾患の原因にもなっている。双極性障害以外の持病もあって、体調は常に不安定な状態だ。

気分が落ち込むと、薬の量を増やす。そうすると寝たきりで動けなくなり、働くこともできなくなる。そうしてまた気分が落ち込み、薬の量を増やす……という悪循環だ。

メルカリで家財を売って生活費を確保

静さんのこれまでの職歴は、派遣社員と契約社員のみ。一時的に体調と気分が上向いたタイミングで面接を受け、採用されることもあるのだが、三カ月以上続かない。今年に入って既に三回も転職している。

車のローンや各種保険の支払いで毎月六〜七万円の出費があるが、貯金は既に底をついており、がけっぷちの状態だ。

現在は全ての支払いをクレジットカードで行っており、リボ払い設定にすることでどうにか支出を抑えている。また最近はカードではなくＷＡＯＮや楽天Ｅｄｙなどの電子マネーにして、使いすぎを防止するようにしている。

少しでも手元のお金を増やすために、最近はメルカリで家の中の物を売り始めた。数千円の収入になることもあったが、今はもう売るものが何もない。

亡くなった祖母の残した一戸建ての家に住んでおり、家賃の負担がかからないのが唯一の救いだが、頼れる親戚や友人は誰もいない。

「子どもたちを送り出して、日中は寝っぱなし。遊ぶところもないし、お酒の相手もいない。

家で寝ていると、あっという間に保育園と学童のお迎えの時間になってしまう。

体調がよい日も、通院と行政の窓口に行くことで終わってしまう。休みの日も家で寝ていることが多いです。子どもたちにはＡｍａｚｏｎプライムを見せておくくらい。本当は、子どもたちとどこかに行きたいのですが」

就労支援の難しさ

二〇一七（平成二九）年にＳ市が実施した「子ども・若者のいる世帯の生活状況等に関する調査」によれば、母子世帯においては、就労していない母親の約七割で就労意向がある。静さんのように、働きたいのだけれども働き口がない、そもそも心身が仕事に耐えられないというケースも多い。

調査の結果を見ると、就労に向けた条件として、「子どもの保育の手立て」や「自分の健康問題の解決」を挙げる人の割合が高くなっている。

ひとり親世帯のうち三割の人が「仕事で時間がない」「お金がない」ことを理由に、病院や歯医者に行きたくても行けなかった経験がある、と回答している。

本人の主観的健康観も低い傾向がある。世帯収入が貧困線を下回る母子世帯では、母親の四％が過去一年間に病気や障害が原因で一週間以上入院した経験があると回答している。

メンタルの問題を抱えたシングルマザーの就労支援には、福祉や保健との連携が重要になる。ただ現実的には、精神疾患を抱えた状態で安定した仕事に就くことは難しい。「働きたいのに働けない」「働けるのに働けない」「働きたいのに続かない」――こうした状況の中で、本人の自己肯定感や気力はどんどんすり減っていく。

またパーソナリティ障害の相談者に振り回されることは、支援者にとって大きな精神的負担になるため、相談窓口でも遠回しに相談自体を拒否されることもある。

人間関係の狭い地方都市では、一度「札付き」の存在として認識されてしまうと、どこの窓口に行っても体よくあしらわれるだけで終わってしまう。

全てとつながっても、救われない

静さんは、離婚した元夫から月額九万円の養育費をもらっている。またＳ市のハローワークと生活困窮者自立支援事業、Ｓ市役所のこども福祉課と障害福祉課、保健所、障害者基幹相談支援センター、地元の大学病院の精神科医、訪問看護師、医療ソーシャルワーカー（ＭＳＷ）など、考えられうるほぼ全ての支援先と支援者につながっている。

しかし、肝心の生活はほとんど改善されていない。各機関の連携が不十分なわけではなく、静さんの情報は支援者間・団体を超えて共有されている。しかし、現状の打開にはつながっていない。

仕事も続かず、風俗店で働いても指名は全くつかず、ただ待機部屋で一日を過ごしているだけの状態だ。

そのため、複数の支援者やMSWから生活保護の受給を勧められている。しかし、静さんは「生活保護だけは絶対受けたくない」とかたくなに拒んでいる。

ファミサポに関しても、静さんは「必要な時に、すぐに来てくれないから」「そもそも自宅に人が来るのがストレス」という理由で利用していない。

S市の社協が行っている生活福祉資金の貸付についても、「貸付の条件が勤続半年以上なので、無理」と諦めている。職業訓練を受ける予定はあるが、「介護の仕事は体力的に無理なので、したくない」と考えている。

「自分で探してみても、清掃の仕事のような求人しかない。そして仕事の面接では、『あなたが病気になったら、お子さんはどうするんですか?』と必ず聞かれるんです。でも、子どもの預け先がない。託児所付きの職場なんて、この辺りにはデリヘルくらいしかない」

障害者の就業・生活支援センターの定着支援も受けているが、継続的な就労にはなかなかつながらない。「担当者と合わないし、話しても疲れるだけなので」と静さんは愚痴をこぼす。

S市内で開催されている子ども食堂にも行ったことがある。しかし、通っている学校区とは異なる地域だったため、会場に行くまで時間がかかる。子どもに「食べたいものも違うし、もう行きたくない」と言われて、結局行かなくなってしまった。

S市から高速道路を使い、車で二時間ほどの山間部にあるG市（人口約三万人）では、「ひとり親家庭移住就労支援事業」として、市外からのシングルマザーの移住を受け入れている。G市内に定住して働くことを条件に、引っ越し費用や自動車の購入費用、家賃補助や就労支援・資格取得支援など充実したサポートを受けることができる。

静さんも実際にG市まで行ってみたが、年齢制限などの条件が合わなかった。

S市の母子福祉連合会の交流会にも参加したが、一度だけで、結局行かなくなった。

「母子福祉連合会にいる人たちは、自分とは違って、みんな幸せそうに見えました。家族や周囲のサポートがあっていいなと。自分にはないので……」


「どんな制度や支援でも救われない自分」がアイデンティティ

子どもの言動にイライラした時、静さんは子どもを寝室などの安全な場所に移して扉を閉め、自分は子どもの泣く声が聞こえない玄関やキッチンに避難する。そこでＩＱＯＳ（アイコス：加熱式タバコ）を吸って、高ぶった気持ちを静めるという。

「キッチンのドアの前にはベビーゲートを設置して、子どもが入って来れないようにしています。子どもは『母親に置いて行かれた』と感じてしまうかもしれませんが、虐待するよりはマシなので、仕方がないと思います」

静さんは、なるべく早く安定した仕事に就いて、できれば障害年金を受給しながら暮らしていきたいと考えている。しかし、そうした暮らしを始められる目途《めど》は未《いま》だに立っていない。

さまざまな支援団体や制度・窓口につながっている、相談しているにもかかわらず、なぜうまくいかないのだろうか。

「私は見た目は普通に見えるので、周りに生きづらさを伝えることができないんです。大丈夫なふりをしていても、外に出て人に会っているとしんどさが募り、家に帰ると疲れ果てて動けなくなる。子どもにも強く当たってしまう」

周囲の人には、こうした自分の見えない生きづらさ、苦しさを理解・共感してほしい、と静さんは語る。

「子どもの頃から、私は誰かに甘えた記憶がないんです。父親も母親も、いつも私のことは叱ってばかりで、甘えさせてくれなかった。一度でいいから、誰かに甘えたい。そうすれば、自分も子どもたちに甘えさせられるかも……と思います」

シングルマザーの貧困は「見えない貧困」と呼ばれているが、その中でも最も見えにくいのが、精神障害を抱えたシングルマザーの貧困だ。

統合失調症や双極性障害、パーソナリティ障害などは、見た目では分からないことも多く、それゆえに周囲からの理解や支援を受けづらい。地域の中で「困った人」「変わった人」と片付けられてしまい、支援の対象にすらならないこともある。

そうした環境の中で、本人が「理解されない自分」「見えない生きづらさを抱えている自分」をアイデンティティにしてしまうと、さらに問題の解決は困難になる。

静さんの場合も、「どんな制度や支援でも救われない自分」をアイデンティティにしてしまっているようにも思える。

静さんの抱えている課題の中には、S市の既存の制度やサービスの利用で十分に対応・解決できるものもたくさんある。しかし、静さんはあれこれ理由をつけて利用を断っている。

パーソナリティ障害を持った人の中には、相談窓口において、通常の相談者であればまず使わないような専門用語や支援者用語を織り交ぜながら、悲劇のヒロインを演じる舞台女優のように、自らの心情や現状を慣れた口調で語る人もいる。

複数の窓口をあちこち相談して回りながら、そしてあちこちの支援者を振り回しながら、制度の枠に収まることのできない自分を確認することで、「誰にも、どこからも理解されない自分」というアイデンティティを強化する人もいる。

「自分の見えない生きづらさを理解してほしい」と言われても、見えないものは理解しづらい。そして「理解されたかどうか」は、あくまで当事者の主観でしか判断できない。

精神疾患は「見えない」障害だが、「見えない」ことが「変わらない」ための言い訳になってしまうこともある。

「出口」は既に存在している

今後、S市が制度やサービスを新たに増やしたとしても、静さんのようなケースに対しては、あまり効果はないだろう。風俗の仕事をやめるための「出口」にもならない。

どんな制度にも、隙間は必ず生まれる。そして彼女たちは、鋭敏な嗅覚でその隙間を探り出し、潜り込んでいく。

そうであれば、既存の制度の守備範囲を広げ、柔軟性と対応力を高めることで、隙間をできる限り圧縮する、という方向性が現実的ではないだろうか。

「出口」は、新たにゼロからつくり出すものではない。「出口」となりうる制度は、既に目の前に存在している。そうした制度の拡充やアクセシビリティの向上を通して、「出口」の幅を広げていくこと、地域の中で孤立しがちなシングルマザーが「出口」にたどり着きやすくなるような仕組みをつくっていくことが必要になるはずだ。

二〇一八（平成三〇）年三月にS市で策定された「S市子どもの貧困対策推進計画」には、こうした視点が盛り込まれている。

やみくもに新しい制度をつくるのではなく、既存の制度の中身や対象を手厚くすることで、助かる人や救われる人を一人でも増やそう、という発想だ。

次章では、この計画の策定に関わったS市の研究者、及び子育て世代を支援する政策の必要性を訴えているS市の市議会議員へのインタビューを通して、人口減少と財政難に悩む地方都市が、社会課題の集積地であるシングルマザーの貧困、及び子どもの貧困に立ち向かうための方法を考えていきたい。

第八章　「子どもの貧困」と闘う地方都市

子どもの貧困対策部会長の研究者に聞く

二〇一四（平成二六）年一月、子どもの将来が生まれ育った環境によって左右されることのないよう、そして貧困の状況に置かれている子どもたちが健やかに育成される環境を整備するために、「子どもの貧困対策の推進に関する法律」が施行された。

法の趣旨や社会動向を踏まえ、S市では二〇一八（平成三〇）年三月に「S市子どもの貧困対策推進計画」を策定。子ども・子育て支援やひとり親支援、社会的養護に関するさまざまな施策やビジョンを打ち出している。

計画の作成に関わったS市子どもの貧困対策部会長であり、S市内の大学で児童福祉関係学部の教授を務める片桐安美さんは、この計画に関して「一〇〇点満点中、八〇点ですね」と自己採点している。

「合格点は出せる内容ですが、もう少しS市のオリジナリティを出したかったです。

元々、S市では幅広い内容の子育て支援をやっています。子どもの貧困が社会問題化した際にも、これまでS市が行っていた制度や事業、地域のボランティアの皆さんが先駆的にやっている活動の中で、そのまま活用できるものがたくさんありました。そうした既存の制度や社会資源を盛り込むことができたのは、プラス面だと考えています。

一方で、学校給食や奨学金の問題など、現状でS市にもこういう子がいるからこういう手当をしましょう、というところをもう少し具体的に盛り込みたかったですね。

やみくもに新しい制度をつくるだけではなく、既存の制度の中身や対象を手厚くすることで、助かる人を増やそう、という発想です。

ただ、今回は一回目の計画策定なので、まずは基盤づくりをすることを意識しました。シングルマザーの貧困も子どもの貧困も、非常に見えづらい問題です。でも困っている人たちは確実にいます。なので、まずは『いる』ということを共有しましょう、と。

現状を把握せずに、やみくもに動いても効果はありません。誤ったカテゴライズをしてしまうと、逆に当事者の方々を傷つけることにもなりかねません。

それよりも、まず現状をきちんと理解した上で、どのような支援やサービスが求められているかを議論の俎上《そじょう》に載せていくことを意識しました」

貧困と給食

計画にはさまざまな施策が盛り込まれているが、その中でも片桐さんは、子どもの貧困に歯止めをかけるための一つとして、子どもの「食」に関する課題解決が重要だと考えている。

その一つが、義務教育における食の保障＝給食に関する問題だ。

S市では、市内の約半数の中学校で、家庭からの弁当と複数メニューから選べる給食を併用したスクールランチ方式を実施している。平成三〇年度の時点で、スクールランチの実施校では、平均して生徒の六七・四％が利用している。


「スクールランチの費用はプリペイド方式の前納制で、翌月分の費用（一食二九〇円×回数分）をまとめて支払わないといけません。でも生活がギリギリの家庭にとっては結構な負担になるため、費用を払える子と払えない子が出てしまいます。結果的に、払えない子はコンビニでパンを一個だけ買って教室で食べるとかになってしまいます。

こうした問題は大人側の工夫で対応していくべきです。全部は解決しないけれど、少しでも前に進めることができれば。

義務教育の期間における食の保障として、できれば給食を無償化してほしい、と思います。シングルマザーや低所得者層など、特定の属性を対象にした支援も大事ですが、学校給食のように全ての人を対象にしたサービスを無償化することによって、平等に支援を届けることができるのではないでしょうか」

子どもの自己肯定感を育むために

これまでの章で見てきた通り、貧困の次世代連鎖を生み出す大きな要因の一つが、当事者の自己肯定感の低さだ。

子どもの自己肯定感を高めるために、片桐さんは就学前＝幼稚園や保育園での支援の重要性を指摘する。

「近年、幼稚園・保育園の時期から子どもの『非認知能力』を育てることの重要性が言われています。非認知能力とは、粘り強さ、人と協調する力、やり抜く力、自制心、感謝する力や社会課題に向き合う力といった、数値化できない能力を指します。

ある程度集団の中での自分の役割が見えていないと、非認知能力を育てていくことはできません。そのため就学前の時点では、集団の中での教育に力を入れていくべき、ということが明らかになってきています。

S市の風俗店で働くシングルマザーの方々も、お子さんは保育園や幼稚園に預けておられますよね。子どもたちに向き合いたいと思っていても、毎日の仕事や生活だけで精一杯じゃないですか。日々のつらさの中で、母親自身の自己肯定感が下がってしまうこともあります。

そうした中でも、子どもたちは園の生活を通して、自己肯定感を高める経験を積み重ねていくことができます。

園の先生たちは、全ての子どもに対して『同じクラスの子ども』として平等に接してくれます。親の収入や職業によって子どもを見下すようなことは、間違っても言いません。

親のせいではなく、社会全体の仕組みとして、家庭では子どもの自己肯定感を十分に高めることのできない現状の中で、子どもが園で過ごす意味は大きくなっています」

近年、保育園にソーシャルワーカーを設置する「保育ソーシャルワーク」の必要性が訴えられているが、S市ではそうした動きはあるのだろうか。

「今のところ、ありません。これまでは、保育士が自分のクラスの子の様子を見て、必要であれば園長や主任に相談していました。

今は家庭が複雑化していて、さまざまな問題を抱えている家庭もあります。そうした中で、園の中だけで対応するのではなく、家庭も含めてサポートができないと、子どもの育ちが保証できないという状況になっています。保育士だけでは限界があるので、ソーシャルワーカー的な役割を果たす人材が必要になっていくと思います」

見えない問題を掘り起こす「子どもナビゲーター」

就学前・就学後の時期におけるソーシャルワークの重要性は増しているが、S市には保育ソーシャルワーカーはおらず、スクールソーシャルワーカーもたった三人しかいない。

「県内でS市の次に人口の多いF市では、子どもの貧困対策の一環として、『子どもナビゲーター』という専門職員を独自に配置しています。

元教員をナビゲーターとして雇用し、市内の小中学校や特別支援学校を全て訪問し、支援が必要な子どもや家庭の情報をヒアリングしました。給食費の滞納、服装の乱れや衛生状態に問題がある子ども、ひとり親で複数の子を育てる家庭や就労のため来日した外国人の家庭など、約二〇〇件の事例を把握したそうです。

その上で、支援が必要な家庭については、市内の関係機関と情報を共有し、速やかに該当の支援機関につなげます。

子どもの貧困対策という観点から問題を掘り起こせる人がいると、学校の先生も変わってきます。普段から福祉的な視点で子どもの様子を見るようになって、『支援が必要な子どもや家庭に出会ったら、この人に伝えればいいんだ』ということが分かると、情報を知らせてくれるようになります。『子どもナビゲーター』は元教員なので、同じ立場の存在として安心感もあります。

今年から、もう一名『子どもナビゲーター』が置かれる予定です。現場にこうした専門職を置くと、ニーズが見えてきます。

学校や保育の現場では、まだまだ子どもたちに福祉的なアプローチが必要だという認識が持ちにくかったりします。

貧困状態にある子どもたちは全体から見れば少数派なので、どう関わっていけばよいか分からない。見えにくいから、見ようと思わないと見えない。

学校の先生が、これまでの経験値から『どうもこのお母さん、心配だな』と感じても、これまではどうしたらいいか分かりませんでした。

でも『子どもナビゲーター』に伝えれば、社会資源につなぐことができます。こうした役割を果たすソーシャルワーカーは、これからますます必要になると思います」

プラスの経験もマイナスの経験も積める居場所

貧困に苦しむ子どもを社会資源につなぐソーシャルワーカーに加えて、そうした子どもにとって居場所となるような社会資源をつくり出すことも必要になる。

プランの中では、「家庭以外に子どもたちが安心して過ごすことができ、認められ、自分の居場所となりうる場、悩みを打ち明け、相談できる場」の必要性が述べられている。

具体的には、どのような場が求められているのだろうか。


「子ども食堂は、そうした場の一つになると思います。子ども食堂に来る子たちの中には、いたずらしたり騒いだりして、大人から怒られる子もいます。

子どもたちにとっては、叱られることも褒められることも、どちらも『自分に関心を持ってもらえている』という経験になっています。

大人から叱られた時はなにくそ、と思うけど、叱ってすらもらえない子もいます。子どもにとって、自分に関心を持ってくれる大人や他者がいない、ということほど、自己肯定感を損なう経験はありません。叱られてばかりでも、自己肯定感は育たないですけどね。

子ども食堂に限らず、常に誰かが自分のことを見てくれていて、プラスの経験もマイナスの経験も積める、ということが、子どもの居場所になるための条件だと思います。

そのような場に、子どもだけでも行ける。それが子ども食堂の利点です。そう考えると、やはりS市でも小学校区に一つは欲しいですね」

S市では、市内の五区で低所得家庭の中学一年生から三年生までを対象にした学習支援事業を行っている。片桐さんも、生活保護世帯を含めた家庭の中学生に大学生が勉強を教える学習支援事業に一〇年間関わっている。

「一〇年間、大学・地元の社会福祉協議会・保護課の三者で運営してきました。勉強会に参加した子どもは、みんな高校に入学します。中には大学に進学する子もいますが、卒業まで通えずに中退してしまう子もいます。それも現実です。

勉強会に定期的に来られる子は、母子家庭であったり、家庭の所得は低かったりするけれど、お母さんが子どもときちんと向き合おうとしています。

一方で、勉強会に来られない子は、そもそも学校に行けていなかったり、みんなと一緒の場にいること自体がしんどかったりします。

お母さんたちの話を聞くと、子どもには勉強させたいと思っている人が多いです。でも自分に経験がないから、どうしたらいいか分からない。一生懸命やっているのにうまくいかない。でも、子どもの将来に対する思いはある。

計画作成のためのアンケート結果を見て分かったことは、子どもの持ち物や体験・経験等は、『できる・持っている』かどうかではなく、『経済的にできない・持たせられない』ところで明らかになる、ということでした。

『できる・持っている』の割合は、所得の差に関係が生じていません。一方で、『経済的にできない・持たせられない』には、所得の差が明らかに見られました。『できる・持っている』家庭では、そのことを子どもに保証するために、やりくり等の工夫をしているんだろうな、と感じました。

保護者は、他の子と差がつかないように、陰で努力しています。それでも、できないことや持たせられないことが生じているのが、現実かと。

そうした保護者の思いに寄り添っていきながら、子どもの学習機会を社会がサポートする仕組みは必要です」

子ども食堂に来られない子どもへのアウトリーチ

東京都文京区では、区とＮＰＯ団体が連携して、就学援助受給世帯や児童扶養手当受給世帯に対して、企業などから提供を受けた食品等を配送する「子ども宅食プロジェクト」という事業が行われている。

Ｓ市でも、子ども食堂に来られない・来たくない家庭の子どもたちに対して、こうしたアウトリーチ型の支援は行われているのだろうか。

「S市の東区では、フードバンクなどの市民団体が市や社会福祉協議会などの協力を得て、二〇一八年から児童扶養手当を受給しているひとり親家庭など一〇〇世帯に毎月無料で五キロのお米を宅配する『お米プロジェクト』を実施しています。

私自身も東区民の一人なのですが、S市の東区は、生活保護と児童扶養手当の受給率が市内で最も高い地域です。

アウトリーチ型の支援に関しては、ソーシャルワーカーのスキルアップも必要です。同時に、元々そうした支援を行っている他職種との連携も必要でしょうね。

例えば、保健師のように、担当地域を持ち、訪問が職務の一つとして社会的にも認知されている人たちとの連携などが考えられます」

計画の策定過程で、S市の水商売や風俗で働くシングルマザーの現状や声は反映されているのだろうか。

「それは十分にはできていない可能性が高いです。アンケートに回答してくださっているかどうかすら分かりません」

計画にも列挙されているように、ひとり親家庭を支援する制度や相談窓口（民間のＮＰＯ、アプリ、冊子）は、Ｓ市にも既にたくさんある。

しかし、これだけ制度や相談窓口があっても、シングルマザーの女性は水商売や風俗に流れていく。制度側にはどのような課題があるのだろうか。

「彼女たちにとっては、行政や支援団体の発信する情報や提供するサービスが、自分たちにとって役に立つものだと思えないのではないでしょうか。

Ｓ市も子育て応援アプリをリリースしていますが、風俗で働いているお母さんたち、そのアプリをスマホに入れていますか？　多分入れていないですよね」

制度につなげるためには、シングルマザーから「これは自分のためのサービスだ」と思ってもらえるような仕組みづくりを意識する必要がある、と片桐さんは語る。

「発信側の課題もあると思いますが、お母さんたちの自己肯定感の低さもあって、いくら『誰でも相談ＯＫです』と言われても、その『誰でも』の中に自分は入っていない、と感じてしまいます。

あなたたちのための制度・サービスですよ、と言われても、自分がそこにアクセスしていいとは思えない。『何を言われるか分からない』と怖さを感じている。

ただ、S市の提供している制度や相談窓口を利用すれば、全部の課題は解決できないかもしれないけれど、なんらかの形で課題を軽減できる仕組みは絶対にあります。

だからこそ、つながるまでのハードルを下げることが大切です。つながりづらい個人を支援につなぐ、それこそがまさにアウトリーチだと思います。

親の所得や職業に関係なく、子どもの権利が守られることが、子どもの貧困という社会課題を解決していくためには欠かせません。社会全体が子どもに対してどこまで先行投資できるか。それが大事だと思います。

S市の風俗店で働くシングルマザーの方々に対しては、『助けてほしい時は、誰かにつぶやいてほしい。隠さなきゃ、と思わなくても大丈夫だから』と伝えたいです。母親一人が全て背負う必要は全くありません。

行政や支援者側がよかれと思ってやっていることが、皆さんにとってよいものかは分かりません。でも、一人でなんとかしなくてもいいんだよ、と言いたいです」

子ども支援の現場で活動する支援団体や専門職からは、「子どもの支援にもっと人と予算をつけてほしい」という声が繰り返し上がっている。

一方、多くの地方都市では、財政難を理由になかなか予算を増やせないのが現状だ。S市の財政も逼迫《ひっぱく》している。S市の財政力指数（二〇一六年度）は、全国の二〇政令指定都市の中でも最下位に近い。人口減少と企業誘致の低迷によって、歳入の柱である市税の大幅な増加は見込めない状況が続いている。

こうした厳しい財政状況の中で、次世代への貧困の連鎖を断つために、地方自治体は子育て家庭やひとり親家庭に対する政策をどのように進めていけばよいのだろうか。

この問いに対する答えを探るべく、S市の市議会議員である宮本賢さん（三二歳）にお話を伺った。

宮本さんは、S市の北区出身。地元の公立進学校を卒業後、首都圏の国立大学の公共政策大学院を修了。学生時代から政治の道を志し、市議会議員選挙では連続でトップ当選している。未来のS市長候補と目されている議員の一人だ。

自らも父親として、S市で三歳とゼロ歳のお子さんを育てながら議員の仕事をしている宮本さんに、S市における子ども・子育て支援政策の現状と課題を伺った。

子育て世代を支援するための政策

子育て世代の当事者として、宮本さんはスクールソーシャルワーカーの拡充や就学援助制度の見直しなど、子育て世代を支援するための政策をいくつか掲げている。

「残念ながらS市のスクールソーシャルワーカーの設置率は、政令指定都市の中で一番低いです。

現在のS市のスクールソーシャルワーカーは常設型ではなく巡回型で、一人のワーカーが複数の学校を巡回する形になっています。最低でも市内全区に一人ずつ設置したいと考えています。

就学援助制度については、以前から『他の政令指定都市と比較して、S市の支給額は上乗せされているのではないか』と役所内部で以前から議論されており、『他の政令指定都市と同程度の数字になるように就学援助制度の見直しをしたい』という動きがありました。

そうした背景もあって、昨年度S市が予算編成を行った際、財源不足という理由で、就学援助制度の予算は一割カットされました。

結果として、今まで受けられていた方が受けられなくなってしまいました。本来削ってはいけないところまで削ってしまったと思います。
就学援助制度を含めた制度の見直しを通して、さまざまな立場にある全ての子どもたちが十分な教育を受けることのできる制度をつくっていきたいと考えています」

地方都市のシングルマザーを悩ませるのは、病児保育の問題である。前述の通り、S市には九つの病児保育施設があるが、地域によっては施設がないところもまだまだ多い。
S市における既存の病児保育施設は、いずれも民間の医院・病院に併設する形で運営されている。新設するためには医療機関の協力が必要になるが、未設置の地域にはそもそも小児科が少なかったり、採算の問題で手を挙げる医療機関がないという課題もある。

「これまで病児保育施設のなかったS市の北区でも、来年のオープンを目指して、ようやく動きが出てきました。ただ南区などの地域については、まだ設置の目途は立っていません。
これまでの病児保育は全て医療機関の併設型でしたが、規則が変わって保育園にも併設できるようになりました。北区にオープンする予定の施設は、そうした保育所併設型です」

首都圏で病児保育事業を展開している認定NPO法人フローレンスのように、S市でもNP

Oが病児保育事業を担う可能性はあるだろうか。

「東京とは違って、S市では母数自体が少ないので難しいと思います。医療機関の併設型か、保育園の併設型か、という選択肢しかありません。

病児保育施設を市内全域に設置するのはまだ先になりますが、地元に施設がないため、遠く離れた他の地域まで子どもを預けに行っている人もいます。需要はかなりあります。

子育て支援については、親と別々に住んでいる共働きの核家族を行政がきちんと支援する、という形でやっていく方向が望ましいと考えています」

病児保育と並行してシングルマザーを悩ませるのは、休日保育の問題だ。風俗で働くシングルマザーにとって、稼ぎ時である土日・祝日・連休に預けたい、働きたいというニーズは多いが、子どもの預け先がない。S市内にも託児所付きのデリヘルはまだまだ少ない。

現在、S市内には一三カ所の休日保育実施施設がある。中央区には四つの施設があるが、それ以外の地域では一つか二つに留まっている。宮本さんは、自身の政策の中で「休日保育の拡充」も明記している。

「休日保育については、ここ数年で保育所が手を挙げてくださった地域もあるのですが、まだまだ数が足りません。平日以外のシフトで働いておられる方もかなり多い中で、月に一回程度しか土日に預けられないとなると、ほとんど仕事になりません。

議会で一般質問をした時にも感じたのですが、休日保育施設については、少なくとも現状の三〜四倍に拡充しないと、ニーズを満たすことはできないと思います」

キャリア教育と起業支援

地方都市におけるシングルマザーの貧困の背景には、キャリア教育や起業支援の問題が隠れている。詳細は終章で改めて論じるが、S市においてはキャリア教育も起業支援もまだまだ道半ばの状態であり、若年人口の首都圏への流出が長年の課題になっている。

県の労働局が発表した「平成三〇年三月新規学校卒業者の県内就職状況」では、高等学校卒業者の約九割弱は県内に就職するものの、大学等では約六割に留まっている。

大学を卒業した後も若者がS市で希望する職種に就けるよう、企業誘致や地元企業と学生とのマッチングを進めたい、と宮本さんは語る。

「若者が早い段階で自分のキャリアを考えることのできる仕組みが必要です。大学三年になって就職活動を一斉にスタートするという現在の形では、自分のキャリアを考える時間や機会がありません。企業の労働条件や福利厚生を比較検討できずに、一面的なイメージだけで選んでいる学生も多いです。

自分の希望に合った仕事が本当にS市にないのかといえば、そうでもない。S市にはキャリア教育を行っているNPOもあります。就職した後に起業するという選択肢もあります。結婚した後の働き方もそうです。受験も就職も、自分の人生を自分で考えて、自分で決める。そのための支援の仕組みをつくることが大切です」

S県の開業率は、全国ワーストに近い惨状である。同じ政令指定都市の福岡市では、「スタートアップ都市〝ふくおか〟」を目指し、さまざまな創業支援事業を行っている。S市においても、起業支援の制度を整備していくことが重要だと宮本さんは考えている。

「S市では、市が出資している産業振興財団が創業支援を行っています。ワンストップをうたっていますが、そこだけでは進みません。ただ希望者に金銭的な支援をすればいい、コワーキングスペースをつくればいい、という話でもない。

根本的な話になりますが、個人が自分の人生を自分で設計できる力を育んでいく必要があります。突き詰めると、やはりキャリア教育にぶつかると思います」

「計画を策定して終わり」にならないために

国勢調査（二〇一五年）のデータに基づく比較によると、S市は、全国二〇政令指定都市の中で、持ち家率・一戸建て率・三世代世帯の割合が、いずれもトップクラスである。

一戸建ての持ち家というインフラがあれば、結婚後の三世代同居も増える。一方で、そうしたインフラがあるがゆえに、第三章の玲美さんのように、理不尽な性別役割分業を押し付けられる「義実家という名の牢獄」から抜け出せずに苦しむ隠れシングルマザーも増える。

二〇一八年のS市の離婚率は、全国平均（一・六八）よりかなり低い一・二六だ。この背景に、経済的な理由で離婚したくてもできない女性たちの存在があることは間違いない。

「S市には、『男は外、女は家』という保守的な価値観はまだまだ残っています。結婚後、夫の親と同居する場合、女性はどうしても妻や母親としての役割を求められます。

もちろん女性がそれを望んでいるのであればいいですが、必ずしもそうではない。S市の共働き比率は五一・四%です。子育てをしながら、夫婦共に働いて稼がないといけません」

「S市子どもの貧困対策推進計画」は、二〇一八年から五年間の計画であり、毎年度点検・評価を行う仕組みになっている。

一方、この計画には客観的な数値目標が存在しない。数値目標が何も明記されていない計画を、一体どのような基準で、どうやって点検・評価するのか、という疑問は残る。

制度や計画を絵に描いた餅で終わらせないために、何が必要なのだろうか。

「行政の施策においては、いろいろな分野で『制度をつくって終わり』『計画を策定して終わり』になってしまいがちなところはあります。

ただ、数値目標は入れるのが難しい。『これだけ数値目標を達成しました』と成果をアピールしやすい部分もありますが、そもそも数値目標を入れにくい分野もあります。

開業率の向上などを含めて、国が地方自治体に対して、『地方版総合計画をつくりなさい』と補助金を出すことがあるのですが、その際に『数値目標はこう立てましょう』といった趣旨のマニュアルも一緒に送ってくる。

そのマニュアルに従って地方自治体は計画に数値目標を入れるのですが、『そうやってつくられた数値自体、そもそも適切なのか』『その数値を達成すれば、本当に計画の目的が達成できるのか』という疑問が生じます。全然関係ない数値を出してきたり、達成しやすい数値だけを入れるなど、変なたちごっこが起こっています。計画をつくるまでは、有識者の委員会をつくったりしてしっかりやるのですが、計画の達成度合いを評価する段階には、あまり力を入れていません。

『実施してみたところ、この部分が足りていないから、今後はこういう取り組みが必要だ』というところまでは、なかなかいきません。

計画が実際に行われているのか、どこまで成果が上がっているのかは、外部から見たら分かりません。指摘する人がきちんと指摘していかないと、なかなか前に進んでいきません。

現場の声を聞いて、議会の場でぶつけていかないと。そこは我々議員がしっかりとやっていく必要があると考えています。

議員はどうしても自分の後援会やその関係者の声だけを聞きがちですが、話を聞く対象をいかに広げられるかが大事だと思います」

「待ちの姿勢」を捨てて、話を聞く

シングルマザーへの支援で問題になるのは、制度や支援へのアプローチのしづらさだ。「制度を使えない」「使いたくない」「そもそも知らない」人への啓発やアウトリーチ型の支援を強化していく必要があるが、S市では行財政の集中改革推進（事業点検・人員適正化）による福祉関係の予算の削減もあり、見通しは明るくない。

「確かに、どうしても行政は待ちの姿勢になってしまいます。一〇年ほど前の区役所改革で、職員が自ら地域に出て行ってコネクションをつくり、自分たちでその地域の課題を引っ張ってくる『地域課』という仕組みができました。

しかし現状では、地域の自治会長が役所に来るのを待つといった形で、結局待ちの姿勢になってしまっています。あるいは、財政が厳しいという理由で、他の部署とくっつけてしまったり。もったいない。最初の発想はよかったのですが……」

待ちの姿勢では、困っている人たちとつながることは難しい。S市で子育てをしながら風俗店で働いているシングルマザーの声に耳を傾ける必要性を、宮本さんは認識している。

「私も三歳と一〇カ月の子育て真っ最中です。病児保育・休日保育の必要性も強く感じています。議員には、そもそも勤務時間という概念がないので、育休も産休もありません。自分で動いて市民の皆様の話を聞いて、それを役所に通したり、議会の準備をしたり……。

働き方としては比較的融通が利きやすいので、同世代で働く人から聞いたことを市政に届けていきたい。S市の風俗店で働くシングルマザーの方々に対しても、もっと皆さんの話を聞かなければいけないなと感じています」

財政難の中でできること、やるべきこと

前述の通り、S市の財政は極めて厳しい状態にある。人口と税収の減少に歯止めが利かない中で、ひとり親支援を含めた、子ども・子育て支援の人手と予算が大幅に拡充される見通しは薄いと言わざるを得ない。

一方で、地方都市における子どもの貧困問題は、行政が有識者を集めて計画を立てれば、一定の予算をつければ、新しい制度や条例をつくれば、それで問題が全て解決する、というわけでは決してない。

計画・予算・制度は、いずれも必要条件ではあるが十分条件ではない。突き詰めれば、それを実践する個人の問題、個人を規定している価値観や動機付けの問題になる。

課題解決に必要な社会資源も社会的合意も、その全てが行政主導でつくられるものではないし、つくられるべきものでもないだろう。

研究者の片桐さんが述べていた通り、今回の「S市子どもの貧困対策推進計画」に盛り込まれた内容の一部には、子どもの貧困が社会問題化する前から、S市のボランティアや民間団体

が先駆的に取り組んでいた活動や、地域の住民が長い時間をかけてつくり上げてきた社会資源が含まれている。

住んでいる街が直面している課題を「他人事《ひとごと》」ではなく「自分事」として捉え、誰かや何かを安全圏から批判することに終始するのではなく、社会資源と社会的合意をつくり出すために、自らの手足を動かすことが必要不可欠だ。

そうした実践者が地方都市でも増えていけば、さまざまな制約条件の中でも、私たちは社会課題の最前線で最善戦を続けることができるはずだ。

これまで述べてきた通り、地方都市における夜の世界＝水商売や風俗の世界には、その街の社会課題が凝縮されている。一方で、夜の世界の現場で起こっていることを行政に届ける回路は、これまでほとんど存在していなかった。

夜の世界で働くシングルマザーたちの声を届けていく仕組み、それを政策に反映させていく仕組みがあれば、財政難の中であっても、地方都市の課題解決力は確実に向上するはずだ。

これからは、地方都市における「課題解決の学校」として、夜の世界の現場によい意味で注目が集まるようになるだろう。

この「学校」から、次世代への貧困の連鎖を断ち切り、地方都市の未来を創る力を持った多くの実践者が生み出されることを期待したい。

終章　「家族」と「働く」にかけられた呪いを解く

託児所の長い夜

一九時五〇分。１ＤＫのフロアに布団が敷かれると、子どもたちはその上に飛び込み、嬉しそうに転がり回った。託児所の消灯時間は、おおむね二〇時前後だ。

この日、ほとんどの子どもたちは昼寝をしていない。楽しそうにはしゃぎながらも、眠たそうにまぶたをこする子どもも多い。

託児所では基本的に外出ができないため、公園やグラウンドで遊んで身体を動かすことができない。多くの子どもが元気と体力を持て余しているため、お昼寝の時間はあっても、その時間に合わせてきちんと眠ってくれるとは限らないのだ。

「今日は早く寝ましょうね」と保育スタッフが声をかけて、子どもたちをパジャマに着替えさせる。オムツがパンパンになっている子もいるので、寝る前に交換する。

保育スタッフ二人で七人の子どもを寝かしつけるには、かなりのコツがいる。

まず、一人のスタッフがゼロ歳児を座り抱っこで寝かしつける。

そして、もう一人のスタッフは、手のかかる三歳の男の子と女の子の間に座り、二人の背中をトントンしながら寝かしつける。

きょうだいの子どもがいる場合、並べて寝かせるとふざけ合っていつまで経っても寝ないので、離れた位置で寝かせるようにする。四〜五歳の子どもたちは、電気を消して、各自布団でゴロゴロしているうちに眠ってくれることが多い。

あちこちで小競り合いやふざけ合いが起こったものの、消灯から二〇分ほどで、ゼロ歳児以外の子どもたちは全員眠りに落ちた。みんな、よほど疲れていたのだろう。

母親に甘えたい盛りの年齢の子どもたちが集まっているにもかかわらず、寝かしつけの際には、誰一人として「お母さんはいつ帰ってくるの？」「ママに会いたい」といった泣き言を口にしなかったことが印象的だった。

必死に我慢しているだけなのか、それとも母親が不在の状態で一夜を過ごすこと自体に慣れてしまったのか、どちらが本当なのかは分からない。

子どもたちは、このまま母親が迎えに来る深夜二三時、あるいは翌朝の五時まで、託児所のフロアで眠り続ける。暗闇の中で、スタッフのスマホのライトだけが光っている。

子どもがかわいそう？

こうした託児所の光景を見ると、大半の人は「子どもがかわいそう」と感じるだろう。

「子どもが小さいうちは、母親は子どもと一緒にいることが当たり前」「母親と一緒に過ごすことが、子どもにとっての一番の幸せにちがいない」等々、頭の中でさまざまな感情が渦巻くはずだ。

母親の働き方に関しても、「まだ小さい子どもを託児所に預けて朝から深夜まで風俗店で働くなんて」「もっと他の仕事をするべきだ」と言いたくなる人は多いはずだ。

一見すると、地方都市の風俗店で働くシングルマザーは、「家族はこうあるべき」「女性はこう働くべき」という世間一般の規範から最もかけ離れた存在である。

一方で、彼女たちは、自らの生育環境の中で学んだ「家族はこうあるべき」「女性はこう働くべき」という規範に最も強く縛られている存在でもある。

S市内のデリヘルの待機部屋で、三〇代のシングルマザーの女性が、同じ店で働く二〇代のシングルマザーの女性を児童相談所に通報する、という事件が起こったことがあった。

彼女が同僚を通報した理由は「子どもがかわいそうだから」。彼女自身も、シングルマザーとして苦労しながら子どもを育ててきた。そんな中で、同じ店にいる若いシングルマザーの女性が育児放棄をしているらしい、という噂《うわさ》が待機部屋の中で流れた。

自分がこんなにも母親として頑張っているのに、あの女性は母親としての役割をきちんと果たしておらず、子どもを苦しめている。絶対に許せない……。

こうした思いに耐えられなくなって、彼女は同僚を児相に通報した。

「子どもがかわいそう」という思いを最も強く感じているのは、他の誰でもない、シングルマザー当事者である彼女たち自身なのかもしれない。

彼女たち、そして私たちを苦しめる「二つの呪い」

一方で、「女は水商売で働くのが当たり前」「家庭に父親はいないのが当たり前」という規範を持ち、自分の母親と同じように水商売や風俗の仕事に就き、母親と同じように未婚の状態で子どもを産み育てている女性にとっては、託児所に子どもを預けて働くことは、ある意味で「当たり前」のことになる。

子ども時代に見た家族の姿、親の働く姿が、家族や働き方についての「正／誤」「幸／不幸」「快／不快」を判断する唯一の基準になっているがゆえに、本人自身は規範的に振る舞っているつもりでも、客観的に見れば非合理かつ逸脱的な振る舞いになってしまう。

言うなれば、家族や働き方に関する「呪い」に囚《とら》われている状態だ。

地方都市のシングルマザーに限らず、多くの人は、自分が育った家庭以外の家庭を知らない。他の家庭で暮らす経験もなければ、親の言動を相対化して捉える機会も少ない。

そもそも私たちは、家庭をつくるということ＝年齢や性別、生活習慣や文化の異なる他人と、同じ空間で価値観をすり合わせながら生活していくことについて、全く教育を受けていない。

なんの知識もスキルも持たないまま、偶発的に出会った相手と衝動的に共同生活を開始したところで、安定した家庭を築くことは難しい。

同じように、自分の親の働き方を相対化して捉える機会も少ない。結果として、親の就労観や就労形態がそのまま子どもに引き継がれる、という世代間連鎖が起こる。

つまり、「呪い」に囚われているのはシングルマザーだけではない。社会の中で生きていく上で欠かせない「家族をつくること」と「働くこと」という二つの行為について、私たち自身もまた、あまりにも多くの呪いに囚われている。

「家族をつくること」と「働くこと」について、個人の実体験や固定観念を切り離した上で語るスキルと、この両者を自らの意思でデザインしていくためのスキルを身につけること。

私たちがこの二つのスキルを身につけることが、「家族」と「働く」にかけられた呪いを解き、シングルマザーの貧困を解決するための第一歩になるはずだ。

「家族の呪い」を解くために

「私は父親以外の男性を知らなかったので、この仕事をして『こんな男性もいるんだ！』とびっくりしました。父親が普通だと思っていた。いい男性もいるんだな、と感じました」

S市内のデリヘルの待機部屋で、女性からこうした発言を聞く機会はたびたびあった。父親は、いつも不機嫌なのが当たり前。酒を飲んで暴れるのが当たり前。風呂場をのぞくのが当たり前。夜中に自分の身体を触ってくるのが当たり前……。

こうした父親像や男性像を相対化できる場所が水商売や風俗以外にない、という社会は、お世辞にも健全とはいえないだろう。

S市で子どもへの暴力防止・人権教育プログラムを実施しているNPOは、中学校で講座を行う際、生徒たちに「家で親に叩《たた》かれたことがない人は、手を挙げてください、と聞く」という。

すると、普段から家で親に叩かれている生徒は「叩かれていない子なんて、いるの?!」と驚く。一方、叩かれていない生徒は、「叩かれている子なんて、いるの?!」と驚くという。

DVや虐待のない家庭では、「親が子どもを叩く」という選択肢自体が存在しない。

公教育の中で、「家族のつくり方」「多様な家族の在り方」を学ぶことができる家族教育が行われるようになれば、家族の呪いによって苦しむ人は確実に減らせるはずだ。

子どもの頃は、どうしても家族が世界の全てになってしまう。しかし、家族だから何をしても・されてもいいわけではない。

DVや虐待、不登校やひきこもりなど、家族の中で起こっている問題は、個人の問題ではなく社会の問題であることが多い。

それらの問題を解決するためには社会の力を借りなければならないということ、そして誰かに相談することは決して恥ずかしいことではない、ということを学ぶ。

嫌なことにはきちんと「NO」と言う。それでも解決しなかったら、周囲の信頼できる大人に相談することを学ぶ。

親から暴力を受けた場合にどうすればいいか。望まない妊娠をしてしまった場合に、相手にどう打ち明ければいいか。家族がうつ病や依存症になってしまったら、どうすればいいか。パートナーとの死別や離別でひとり親になった場合、どうすればいいか。それぞれの場面において、誰に（どの相談窓口に）・どうやって相談すればいいかを学ぶ。

それと並行して、家族の在り方は一つではなく、ひとり親家庭やステップファミリー（子連れ再婚家庭）、シェアハウスでの共同生活、同性カップルやポリファミリー（複数愛者の家族）、特別養子縁組や里親など、さまざまな形態があることも学ぶ。

「多様性を尊重しよう」というきれいごとをただ唱えるだけでなく、そして特定の家族形態を理想化したり、なんらかの道徳的規範を押し付けたりするのではなく、生まれも育ちも異なる他人と、同じ空間の中で、お互いを傷つけずに支え合って暮らすためにはどうすればいいかについて、具体的な知識やスキルを学ぶことのできる機会をつくる。

家族をつくることをギャンブルにしないためにも、そして家庭内を恐怖と暴力に満ちた閉鎖空間にしないためにも、婚活ならぬ、家族（ファミリー）をつくるための活動＝「ファミ活」を学べる場所と機会が必要になるだろう。

シングルマザーや子どもの貧困を含め、大半の社会課題の背景には、なんらかの形で家族の問題が絡んでいる。

身近にあるがゆえに、最も見えない存在である家族を学びの対象として捉え直し、不幸を最小限に減らす形にデザインしていくためのスキルを身につける機会を保障すること。

こうした試みの積み重ねが、私たちが社会課題の最前線で最善戦を続けていくための大きな武器になるはずだ。

「働き方の呪い」を解くために

地方都市におけるシングルマザーと子どもの貧困は、ひとり親では働いても十分な収入を得られないことが要因になっている。

シングルマザーの就労率をいくら向上させたとしても、働くことが貧困の改善につながらなければ、貧困からの脱出、貧困の世代間連鎖からの脱出につながらない。

こうした現状を打開する方法は、二つある。一つ目は、労働者の最低賃金を上げることだ。最低賃金の増額については、政府は二〇一九（令和元）年七月の経済財政諮問会議にて、最低賃金時給一〇〇〇円の実現を目指す方針を示した。

しかし、仮に最低賃金が全国一律で時給一〇〇〇円になったとしても、一日八時間・毎月二〇日働いたとして、年収は一九二万円に留まる。大多数のシングルマザーは「年収二五〇万円の壁」を突破できないままだ。

人件費の高騰が企業の経営を圧迫し、逆にアルバイトやパートの求人自体が減ってしまう可能性もある。賃金の高さに見合った能力・学歴・経歴が労働者側に要求されるようになり、より採用や選別が厳しくなり、性別や子どもの有無による差別が強まる可能性もある。第一章の彩さん、第四章のしのぶさんのように、高校を中退した女性は、今以上に働きづらくなるだろう。

デリヘルのバック率（女性の取り分）は、六〇分一万二〇〇〇円の場合、おおむね六〇〇〇～七〇〇〇円程度である。通常のアルバイトであれば半日から丸一日働かなければ得られない金額が、わずか一時間で得られる。

最低賃金が仮に時給一五〇〇円まで上がったとしても、風俗で働くシングルマザーは決して減らない。最低賃金の上昇は、シングルマザーの貧困を解決するための必要条件ではあるが、十分条件ではない。

児童扶養手当を増やせば解決する？

二つ目の方法は、児童扶養手当の増額だ。二〇一六（平成二八）年八月から児童扶養手当法の一部が改正され、児童扶養手当の第二子の加算額及び第三子以降の加算額が変更された。

第二子の加算額は月額五〇〇〇円から最大で月額一万円に、第三子以降の加算額は月額三〇〇〇円から最大で月額六〇〇〇円になった。支給額の引き上げは、第二子が三六年ぶり（一九八〇年以来）、第三子以降は二二年ぶり（一九九四年以来）となる。

児童扶養手当に関しては、受給者数の増加に伴って、一九八〇年代半ば以降から、支給額の削減と予算抑制の流れが続いている。

児童扶養手当を現在の倍額（月額八万円程度）にし、第二子以降に対しても第一子と同額が支給されるようになれば、シングルマザーの貧困率は確実に下がり、風俗で働くシングルマザーも大幅に減るだろう。「子どもの未来への投資」という視点で考えれば、その効果は決して悪くないはずだ。

しかし、母子家庭をはじめとしたひとり親家庭に対象を絞った現金給付は、「自分勝手に離婚したのに、国からお金をもらっていい思いをしている」「甘えている」といったバッシングの対象になり続けてきた。児童扶養手当の歴史は、母子家庭に対する差別や偏見との闘いの歴史でもある。

二〇〇二年に厚労省が発表した「母子家庭等自立支援対策大綱」以降、ひとり親家庭を支援する政策は、「福祉から就労へ」という視点から、就労による自立支援に主眼を置いた改革が進められ、経済的支援の厳格化と就労支援の強化が行われてきた。

こうした中で、ひとり親家庭支援政策の評価基準は、ひとり親世帯の貧困率の改善ではなく、ハローワークの職業紹介件数や母子自立支援プログラムの充実、養育費相談窓口の増設などの形式的かつ表面的なものに留まっていた。

二〇一九年六月一二日、子どもの貧困対策の計画策定を市区町村の努力義務とする「改正子どもの貧困対策推進法」が参院本会議で全会一致により可決、成立した。

超党派の議員連盟によってまとめられた改正法では、改善指標として、新たにひとり親世帯の貧困率や生活保護世帯の子どもの大学進学率を加えることも定めた。

今回の法改正においても、子どもの貧困率の改善について具体的な数値目標は定められていない。経済的支援に関する議論、社会保障や税制の在り方を所得再分配の観点から検討する議論も不十分だ。

児童扶養手当をはじめとした現金給付を「自分勝手なシングルマザーを甘やかす無駄遣い」ではなく「子どもの未来への投資」とみなすだけの社会的合意をつくり出し、所得の再分配を通してひとり親家庭や子どもへの経済的支援を手厚くしていくには、まだまだ時間がかかるだろう。

「従業員として働くことの限界」を超えるために

「シングルマザーにとって、働くことが貧困の改善につながらない」という現状を打開するために必要なのは、「働き方」そのものの見直しである、と私は考える。

「シングルマザーに就労支援を行って、自立した生活ができるようにしよう」という発想、「最低賃金を上げて、シングルマザーの生活を楽にしよう」という発想、いずれも「会社に雇われて従業員（Employee）として働く」ことを前提にしている。

正規雇用であっても非正規雇用であっても、従業員であり続ける以上、毎日決まった時間に出勤しなければならない。自分や子どもの都合で休むことは難しく、残業や休日出勤、転勤もある。

特別な資格や職歴のないシングルマザーが、地方都市の一般的な企業で従業員として働いても、稼げる金額には限界がある。そして時間的な制約に縛られてしまうため、子どもと過ごす時間も減ってしまう。

就労支援を受けても、そもそも雇用先の選択肢や稼げる仕事の数が限られているので、根本的な解決にはならない。

「従業員として働くことの限界」に対応した結果として、地方都市のシングルマザーは個人事業主＝自営業者（Self employed）として風俗で働くようになるわけだ。

シングルマザーの貧困率を下げるためには、時間単位の労働生産性を上げる必要がある。従業員としてS市内のスーパーのレジ打ちをしても一時間で八五〇円程度しか稼げないが、自営業者としてデリヘルで働けば、（さまざまなリスクと引き換えに、ではあるが）同じ一時間で最低五～七倍の金額を稼ぐことができる。

第八章でも述べた通り、私たちは公教育の過程で従業員として働く訓練は受けていても、自営業者として働く訓練は基本的に受けていない。高校・大学・専門学校は、基本的に学歴や資格を取って企業に就職するため＝従業員になるための手段である。

ほとんどの若者は、個人事業主や経営者として働くための訓練＝自ら商品やサービスをつくり出す訓練、それらを販売するための組織や市場をつくり出していく訓練、雇われずに働く上でのリスクをマネジメントする訓練は受けていない。税金や保険、金融に関する知識も乏しい。

そのため、従業員として働くことの限界に直面した場合、水商売や風俗の仕事を通して、自分の生身を商品あるいはサービスとしてダイレクトに売る、というハイリスクな働き方を選ばざるを得ない。

働き方改革の最終目標

シングルマザーの間では、以前からネットを使ったアフィリエイトや、せどり（古本などの掘り出し物を探して購入し、第三者に転売することで利ざやを稼ぐ行為）などで副収入や不労所得を得ることが定期的にブームになってきた。

メルカリなどのフリマアプリで転売して稼ぐためには、それなりのスキルやノウハウが必要になる。そうしたノウハウ自体を情報商材として売っているブロガーやインフルエンサーもいる。アフィリエイトや不動産投資、FX（外国為替証拠金取引）で経済的自由を得よう！　と呼び掛けて、自らの収入を公開しているYouTuberもたくさんいる。

中には詐欺まがいの商材もあり、玉石混淆《こんこう》だが、「従業員として働くことの限界」に直面しているシングルマザーにとっては、在宅で時間の制約を受けずに稼ぐことのできる仕組み、及びそれを構築するためのノウハウは、喉から手が出るほど欲しいものだといえる。

それにもかかわらず、行政や民間の就労支援の場で、そうした「在宅で月収五〇万円稼ぐ方法」「誰でもつくれる不労所得」「YouTuberになって広告収入を得よう」といった講座が開講されることはまずない。「従業員として働くことの限界」に直面して悩んでいる人に対しても、従業員として働くための支援を繰り返すしかない、というのが現状だ。

もちろん、全てのシングルマザーがブロガーやインフルエンサーになる必要は全くないし、行政が怪しげなネットビジネスや投資話の宣伝に加担する必要もない。

必要なのは、ブロガーやYouTuberになることそれ自体ではなく、「従業員以外の働き方を選べる知識とスキルを身につけること」である。

現代社会における私たちの働き方を大きく分けると、以下の四つになる。

一　会社に雇われて働く「従業員（Employee）」
二　自らの専門知識や技術を売りにする「自営業者（Self employed）」
三　人材と資金を集めてビジネスを立ち上げる「起業家（Business owner）」
四　ビジネス・金融商品・通貨・不動産等への投資で利益を出す「投資家（Investor）」

大半の人は、この四つの領域のうち、「従業員」の領域で働くことしか知らない。「働き方改革」という言葉が使われるようになって久しいが、長時間労働の是正や非正規雇用の処遇改善といった「従業員としての労働環境の向上」は、働き方改革の通過点に過ぎない。

個人が、妊娠・結婚・育児・引っ越し・介護等のライフコースの変化に合わせて、四つの領域を選んで働けるようになること＝複数の領域から収入を得られるような知識と経験を身につけることが、働き方改革の最終目標である、と私は考える。

起業支援は「就労支援の限界」を超える切り札か?

二〇一七年三月に経済産業省が発表した「『雇用関係によらない働き方』に関する研究会報告書」によれば、これからの社会では、ネット上で企業と働き手のマッチングが容易になり、雇用契約によらない（企業の指揮命令を受けない）働き方が普及。仕事は従来の「企業単位」から「プロジェクト単位」に変化していく、という予測がなされている。

そうした中で、働き手が企業と対等に仕事を進めていくために、フリーランスや自営業者が働きやすい環境の整備（病気や出産・育児での休業、受注の悪化や廃業等により収入を失う場合における公的支援・補償制度の整備）や社会的地位の向上（税制の中立化、融資の円滑化など）が課題として挙げられている。

「従業員として働くことの限界」を社会全体で超えていくためには、こうした試みを確実に前に進めていくことが必要になるだろう。

S市とほぼ同規模の政令指定都市・静岡市では、社会課題解決型の事業に民間資金を活用し、成果に応じて出資者に報酬を支払うソーシャル・インパクト・ボンド（SIB）のモデル事業として、シングルマザーの創業支援事業に取り組んでいる。

起業を目指すシングルマザー三人を公募し、財団と民間企業が二年間の企業資金と給与相当額として一人当たり一〇〇〇万円の資金と起業スキルを学ぶ機会を提供する。

時間と場所の融通が利き、経済的にも自立できる働き方として、ウェブ上のバーティカルメディア（料理のレシピや趣味など、特定の分野に特化したソーシャルメディア）の記事を書くウェブライターとしての起業を支援する、という事業だ。

従来の就労支援の枠を超えて、起業支援という形でシングルマザーの自立をサポートするという試みは、非常に画期的だといえる。

一方で、手放しでは礼賛できない側面もある。今の時代、ウェブライターはお世辞にも「起業家」と呼べるような存在ではない。一歩間違えれば「名ばかり自営業者」＝稼げない下請け仕事になってしまう可能性も高く、一本の記事を仕上げるまでにかかる時間と労力を時給に換算すれば、最低賃金を割ることも珍しくない。

シングルマザーが自らメディアを立ち上げるための支援をするのならばともかく、既存メディアのウェブライターの仕事に就かせる支援を「起業支援」と銘打ってしまってよいのか、という疑問も残る。

就労支援と同じように、起業支援も「生活に困った人を、体よく企業の安価な下請け労働力として使うだけ」という批判を浴びる可能性はあるが、シングルマザーの働き方として従業員以外に自営業や経営者という選択肢が増えること、及びそうしたキャリアを希望するシングルマザーを支援する制度が整うこと自体は、望ましいことだろう。

文部科学省の定義によれば、キャリア教育とは、「一人一人の社会的・職業的自立に向け、必要な基盤となる能力や態度を育てることを通して、キャリア発達を促す教育」である。

現代社会において、個人が社会的・職業的に自立するためには、学歴によって担保される従業員としてのスキルだけでは不十分である。法律、マーケティング、資金調達、税金、会計、ウェブデザイン、ライティング、組織論、リーダーシップ等々、学校では教えてくれないさまざまなスキルが必要になる。

キャリア教育が、従業員の枠を超えて自営業・起業家・投資家の領域にまで拡張され、それぞれの領域から収入を得るための教育機会が保障されれば、「従業員として働くことの限界」に直面して苦しむ人を減らすことができるはずだ。

「呪い」を超えて

第七章で、シングルマザーが最も必要としているのは、「夫」でも「お金」でもなく「妻」＝自分自身に課された女性として、母親としての役割を同じように分担してくれる存在である、と分析した。

家事・育児を全て担ってくれる専業主婦のような存在がいなければ、フルタイムで働けない。

そんな働き方をしている個人で溢れている社会。

たった一人の女性に、女性として、妻として、母親としての役割を押し付けなければ成り立たない。そんな家族で溢れている社会。

こうした社会に終止符を打つためにも、「家族」と「働く」の呪いを解き、私たち一人一人が、自分たちの手で「家族」と「働く」を自由にデザインしていけるような力を身につける必要がある。

その力の獲得こそが、地方都市で生きるシングルマザーたち、そして私たちが、社会課題の最前線で最善戦を続けていくための最適解になるはずだ。

おわりに

私自身が地方都市出身・在住の人間であり、地方都市で二児の子育てをしている当事者でもある。そのため、子育てに関するつらさや痛み、喜びや楽しさの記憶が残っているうちに、「地方都市・育児・風俗」というテーマで新書を書きたいと思っていた。本書を世に出す機会を与えてくださった編集者の藁谷浩一さんに、改めて感謝申し上げたい。

私の不躾《ぶしつけ》な取材に協力してくださったS市の方々、そしてS市のデリヘルグループと託児所スタッフの皆様には、この場を借りてお礼を申し上げたい。

いつも執筆を支えてくれている妻、八歳の長男と五歳の次男にも、最大限の感謝を。本書の内容が子育て中の読者に響くものになっているとすれば、それは全て妻と子どもたちのおかげである。

最後に、S市のデリヘルの託児所で最も印象に残ったエピソードを記しておきたい。

雨模様の一六時過ぎ、母親に連れられて、四歳の女の子が託児所にやってきた。

母親はこれから一七~二三時の遅番で店に出勤する予定だ。保育スタッフとやりとりをしている母親の横で、女の子はずっとうつむいていた。何かをじっと我慢しているようだった。

母親が玄関のドアを開けて外に出ようとした瞬間、女の子が「ママ、行かないで！」と大泣きして、母親に抱きついた。寂しさに耐えきれなくなったのだろう。

母親は娘の肩をそっとつかんで、「抱っこして三つ数えるから、そうしたら向こうに行って、みんなと遊ぼうね」とやさしく言い聞かせた。

しかし、抱っこして三つ数えても、女の子は抱きついたまま離れずに、「ママ、行かないで！」と大声で泣き続けた。お母さんがこれからどこに行って、どんな気持ちで、どんな仕事をするのか、子ども心にもなんとなく分かるのだろう。

その子の泣き声が他の子にも影響を与えて、一緒に泣き出す子も出てきた。私が抱っこしていたゼロ歳児の男の子も、空気を察知して泣き出した。

泣きたいのは、みんな一緒だろう。ここにいる子どもたちは、全員同じ境遇にいるのだから。朝から夜まで、あるいは次の日の朝まで、ここでずっと母親の帰りを待ち続けているのだから。

1DKのフロアに大勢の子どもの泣き声が響き渡り、託児所内は一気に重い空気に包まれた。

そんな中、泣いている女の子に一人の男の子が歩み寄り、声をかけた。

「こっちにおいでよ。一緒に遊ぼうよ！」

すると、それに合わせて、もう一人の女の子も声をかけた。

「こっちにおいでよ。一緒に遊ぼうよ！」

二人の声に合わせて、他の子どもたちも集まってきて、一緒に声をかけた。

「こっちにおいでよ。一緒に遊ぼうよ！」

子どもたちの声に合わせて、私も声をかけた。

「こっちにおいでよ。一緒に遊ぼうよ！」

結局、その女の子は最後まで泣き止むことはなく、母親は心配そうな表情で、託児所から雨の降り続ける街へ出て行った。しかし、託児所内の空気は元に戻った。

泣いている女の子と全く同じ境遇にあるはずの子どもたちが、自分の寂しさを隠して、

「こっちにおいでよ。一緒に遊ぼうよ！」

と呼び掛けた風景を目の当たりにして、私は目頭が熱くなった。

泣いている女の子の姿も、女の子を励ます子どもたちの姿も、地方都市で生きる私たち自身の映鏡《うつしかがみ》に他ならない。

真の社会的包摂とは、「強い人が弱い人を助ける」ということではなく、弱さを認め合った人同士が、社会の不条理に抗《あらが》いながら、共に支え合って生きることなのだから。

地方都市で生きる全てのシングルマザーと子どもたちに、この言葉をかけてくれる人が一人でも増えることを願って、筆をおきたい。

「こっちにおいでよ。一緒に遊ぼうよ！」

シングルマザーが生活や仕事で困った時の相談窓口

●地元の生活困窮者自立相談支援窓口（→「お住まいの市区町村名＋生活困窮」で検索）
第七章で登場した相談窓口。通称「生困《せいこん》」。吉良さんのような相談支援員があなたのお話を親身になって聞き、必要な制度や専門家の紹介、申請窓口への同行支援、就労支援や家計相談などのサポートを行ってくれます。相談・サポートは全て無料で、仕事や生活に関するどんな相談にも対応してくれます。まずは地元の生困に相談してみましょう。

●シングルマザーサポート団体全国協議会（https://www.single-mama.com/council）
地元のシングルマザー支援団体や女性支援団体を通して、同じ境遇の仲間と出会い、支え合うことができます。支援団体の全国組織「シングルマザーサポート団体全国協議会」のホームページから、地元の支援団体を探して問い合わせることができます。

●一般社団法人全国妊娠ＳＯＳネットワーク（http://zenninnet-sos.org）
思いがけない妊娠をした時に相談できる、全国のにんしんＳＯＳ相談窓口一覧が掲載されています。相談員が説教をしたり、中絶を強要したりするようなことは一切ありません。あなたの気持ちや不安に寄り添いながら、あなたとお腹の赤ちゃんにとって何が一番よい方法か、そのためにどのような対応をすればいいのかを、一緒に考えます。

●風テラス（https://futeras.org）

風俗で働く女性の生活・法律相談窓口。全国どこからでも無料でご相談可能です。風俗で働いているということを隠さずに相談できます。離婚や借金、ＤＶや養育費、店とのトラブル、ネット上の誹謗中傷などでお困りの時は、ぜひご相談ください。

メール　info@futeras.org／ＬＩＮＥ　futeras／ツイッター　@futeras

坂爪真吾（さかつめ しんご）

一九八一年、新潟市生まれ。一般社団法人ホワイトハンズ代表理事。東京大学文学部卒。新しい「性の公共」をつくる、という理念の下、重度身体障害者に対する射精介助サービス、風俗店で働く女性の無料生活・法律相談事業「風テラス」などで現代の性問題の解決に取り組んでいる。二〇一四年社会貢献者表彰。著書に『はじめての不倫学』『性風俗のいびつな現場』『セックスと障害者』『セックスと超高齢社会』『「身体を売る彼女たち」の事情』など。

性《せい》風《ふう》俗《ぞく》シングルマザー

地方《ちほう》都市《とし》における女性《じょせい》と子《こ》どもの貧困《ひんこん》

集英社新書一〇〇四B

二〇一九年一二月二二日 第一刷発行

著者……坂《さか》爪《つめ》真《しん》吾《ご》

発行者……茨木政彦

発行所……株式会社集英社

東京都千代田区一ツ橋二-五-一〇 郵便番号一〇一-八〇五〇

電話 〇三-三二三〇-六三九一（編集部）
〇三-三二三〇-六〇八〇（読者係）
〇三-三二三〇-六三九三（販売部）書店専用

装幀……原 研哉

印刷所……大日本印刷株式会社 凸版印刷株式会社

製本所……株式会社ブックアート

定価はカバーに表示してあります。

ISBN 978-4-08-721104-7 C0236

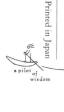

集英社新書　好評既刊

政治・経済——A

- バブルの死角 日本人が損するカラクリ　岩本沙弓
- TPP 黒い条約　中野剛志・編
- はじめての憲法教室　水島朝穂
- 成長から成熟へ　天野祐吉
- 資本主義の終焉と歴史の危機　水野和夫
- 上野千鶴子の選憲論　上野千鶴子
- 安倍官邸と新聞「二極化する報道」の危機　徳山喜雄
- 世界を戦争に導くグローバリズム　中野剛志
- 誰が「知」を独占するのか　福井健策
- 儲かる農業論 エネルギー兼業農家のすすめ　金子勝　武本俊彦
- 国家と秘密 隠される公文書　久保亨　瀬畑源
- 秘密保護法—社会はどう変わるのか　宇都宮健児　堀敏明　足立昌勝　林克明
- 沈みゆく大国 アメリカ　堤未果
- 亡国の集団的自衛権　柳澤協二
- 資本主義の克服「共有論」で社会を変える　金子勝
- 沈みゆく大国 アメリカ〈逃げ切れ！ 日本の医療〉　堤未果
- 「朝日新聞」問題　徳山喜雄
- 丸山眞男と田中角栄「戦後民主主義」の逆襲　佐高信　早野透
- 英語化は愚民化 日本の国力が地に落ちる　施光恒
- 宇沢弘文のメッセージ　大塚信一
- 経済的徴兵制　布施祐仁
- 国家戦略特区の正体 外資に売られる日本　郭洋春
- 愛国と信仰の構造 全体主義はよみがえるのか　中島岳志　島薗進
- イスラームとの講和 文明の共存をめざして　内藤正典　中田考
- 「憲法改正」の真実　樋口陽一　小林節
- 世界を動かす巨人たち〈政治家編〉　池上彰
- 安倍官邸とテレビ　砂川浩慶
- 普天間・辺野古 歪められた二〇年　宮城大蔵　渡辺豪
- イランの野望 浮上する「シーア派大国」　鵜塚健
- 自民党と創価学会　佐高信
- 世界「最終」戦争論 近代の終焉を超えて　内田樹　姜尚中
- 日本会議 戦前回帰への情念　山崎雅弘
- 不平等をめぐる戦争 グローバル税制は可能か？　上村雄彦

集英社新書　好評既刊

哲学・思想――C

日本の行く道　橋本　治
「世逃げ」のすすめ　ひろさちや
悩む力　姜　尚中
夫婦の格式　橋田壽賀子
神と仏の風景「こころの道」　廣川勝美
無の道を生きる――禅の辻説法　有馬頼底
新左翼とロスジェネ　鈴木英生
虚人のすすめ　康　芳夫
自由をつくる　自在に生きる　森　博嗣
創るセンス　工作の思考　森　博嗣
天皇とアメリカ　吉見俊哉　テッサ・モーリス-スズキ
努力しない生き方　桜井章一
いい人ぶらずに生きてみよう　千　玄室
不幸になる生き方　勝間和代
生きるチカラ　植島啓司
韓国人の作法　金　栄勲
強く生きるために読む古典　岡　敦
自分探しと楽しさについて　森　博嗣
人生はうしろ向きに　南條竹則
日本の大転換　中沢新一
空《くう》の智慧、科学のこころ　ダライ・ラマ十四世　茂木健一郎
小さな「悟り」を積み重ねる　アルボムッレ・スマナサーラ
科学と宗教と死　加賀乙彦
犠牲のシステム　福島・沖縄　高橋哲哉
気の持ちようの幸福論　小島慶子
日本の聖地ベスト100　植島啓司
続・悩む力　姜　尚中
心を癒す言葉の花束　アルフォンス・デーケン
自分を抱きしめてあげたい日に　落合恵子
その未来はどうなの？　橋本　治
荒天の武学　内田　樹　光岡英稔
武術と医術　人を活かすメソッド　甲野善紀　小池弘人
不安が力になる　ジョン・キム

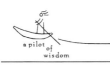